LES THÉRAPEUTES DU CIEL

Bruno Charvet

LES THÉRAPEUTES DU CIEL

Comment les âmes soignent les vivants

Michel LAFON

118, avenue Achille-Peretti – CS 70024
92521 Neuilly-sur-Seine Cedex

www.michel-lafon.com

« Je passerai mon Ciel à faire le bien sur la terre. »

Thérèse de Lisieux

Introduction

Ce livre est le fruit d'une vie d'expérience et de réflexion. À travers des dizaines de rencontres, qui sont autant d'existences singulières, vous allez découvrir comment les âmes, ces alliées invisibles, nous épaulent et nous inspirent. Elles sont les thérapeutes du ciel. Depuis mon enfance, elles me parlent. Mieux, elles me guident, me conseillent et me mènent jusqu'à vous. Elles sont les âmes de nos proches, ces disparus qui ne nous ont jamais quittés. Elles nous réparent, nous soignent, nous libèrent : je suis leur contact. Grâce à elles, je transmets chaque jour des messages remplis de bienveillance, d'encouragements et de paix. Dans ce qu'elles disent, il y a quelque chose de réellement merveilleux, qui nous replonge dans les contes de fées d'autrefois, où une mystérieuse providence arrangeait les éléments entre eux pour provoquer un dénouement heureux dans des situations pourtant en apparence inextricables. Dénouer, arranger, faciliter, ouvrir : c'est ce que savent si bien faire les thérapeutes du ciel. Ce sont eux qui m'ont poussé à écrire ce livre, dans lequel j'ai voulu mettre tout mon cœur. Néanmoins, ce livre n'est pas à moi. Il est à vous, il est écrit pour vous. Et j'espère qu'il vous communiquera toute cette joie et ce soulagement que les âmes savent répandre dans nos vies.

Ce que les contes de fées nous apprennent aussi, c'est que nous avons en nous la capacité de libérer une formidable énergie, restée intacte, qui ne demande qu'à se déployer. Pourtant cette énergie nous fait si souvent défaut ! Bloquée, fossilisée par les années, les habitudes, les héritages familiaux, les manques d'amour, elle se transforme alors en vents contraires et freine nos élans les plus généreux. Les thérapeutes du ciel le savent bien. Ils ne sont pas comme ces dieux de l'Olympe qui nous regarderaient, nous, pauvres hères, nous débattre dans ce monde bien trop compliqué pour nous, alors que tout serait parfait dans leur existence divine. Non, tout est connecté, tout est lié. Si nous souffrons, ils sentent notre souffrance et s'efforcent inlassablement de la soulager. Ils cherchent à se manifester à nous par tous les moyens possibles, pour autant que nous ouvrions les yeux. La grande nouvelle, qu'ils souhaitent relayer au plus grand nombre, c'est que la mort n'existe pas, qu'elle est une mutation nécessaire, une étape dans un voyage éternel au cœur de la lumière. Ils ne meurent jamais, l'âme ne meurt jamais. Ceux que nous avons « perdus » ne sont jamais loin, au contraire, ils sont tout près de nous et ne demandent qu'à nous aider à renouer avec cette énergie primordiale, première, qui est commune à tous et pourtant unique en chacun. Oui, chacun d'entre nous, sans exception, est aimé, désiré, voulu, et attendu de toute éternité. Cela semble si improbable à première vue ! Dans notre existence terrestre, nous connaissons à la naissance la blessure de la séparation. Chassés du fameux jardin d'Éden, nous vivons sur Terre avec la peur de mourir et notre vie entière se construit autour de cette illusion, qui n'est pas l'œuvre de nos amis là-haut. Au contraire, ils veulent nous en délivrer !

Au moment où j'écris ces lignes, je reviens de Belle-Île-en-Mer. J'y étais retourné pour la première fois depuis le décès de mon oncle et, sans que je m'y attende le moins du monde, il m'a rendu visite. Gilbert s'est manifesté comme tous les autres, de cette manière bien à eux de se présenter : il m'a enveloppé d'une douce chaleur qui s'est répandue à l'intérieur de moi – il n'y a jamais de brutalité. Un peu à la manière d'une caresse lumineuse sur mon visage qui m'invitait à l'écoute. Puis j'ai ressenti une sorte de dédoublement de mes cinq sens, comme s'il empruntait mon corps, délicatement encore et sans jamais y pénétrer. Un léger vertige. Cela s'est fait sans violation de mon espace personnel, sans incorporation, car les âmes ne se substituent jamais à moi. Il y a elles et il y a moi, dans un respect mutuel. Nous nous retrouvons dans une sorte d'intermonde, entre leur état de vibration intense et le mien. Je m'élève insensiblement, et elles me rejoignent. On pourrait parler, comme dans le cadre d'Internet, d'une *connexion sécurisée.* On vient à ma rencontre, me faisant ressentir, en guise de salutation, une attraction puissante. Ce n'est ni plus ni moins que de l'amour !

Ce jour-là, mon oncle est venu me parler : il s'est présenté et m'a délivré plusieurs messages dont certains étaient destinés à ma famille. Pour valider son identité, une âme peut me donner, par exemple, la première lettre de son prénom, un élément corporel distinctif ou un trait spécifique de son caractère. Parfois, j'entends un prénom entier, parfois des bribes. Mais dans tous les cas, leur identification ne fait aucun doute. Car je *reconnais* les âmes. La transmission se fait à la manière d'une bande passante, comme un *streaming.* Dans la mesure où mon oncle a trouvé la place que je lui gardais dans mon cœur, c'est-à-dire *la place que je lui ai gardée dans ma vie après sa mort,* nous avons établi lui et moi une connexion et une sorte de passerelle. J'ai eu accès à une infinité de détails sur sa vie, son enfance, quantité de choses que j'ignorais et que j'ai pu faire valider par des membres de mon entourage.

Si je coupe une connexion, je perds l'accès. Aussi, je la suspends plutôt, comme on met la télévision en pause, non pour toujours, mais pour vaquer à d'autres occupations. Tout est spontané, fait dans la joie. C'est pour cela que je n'aime pas beaucoup le mot *médium :* je trouve qu'il est d'un autre temps. Je suis une *interface, une passerelle, un go-between.* Un *relais.*

Les informations sur cette passerelle sont disponibles à tout moment, de toute éternité, et certains d'entre nous avons ainsi spontanément la capacité de nous y connecter. Je crois qu'il est nécessaire de sortir (enfin !) de cette vieille image des âmes errantes, ou encore des âmes qui auraient besoin de trouver leur place. N'est-ce pas plutôt nous qui avons besoin de retrouver la nôtre, comme les chairs doivent reprendre leur disposition d'origine après l'arrachage d'une dent ? Si c'est vrai pour une dent, pourquoi en serait-il autrement pour un être ? La mort nous arrache une personne aimée ; lorsque cette personne perd sa place vivante en nous, plus rien n'est jamais comme avant. Là où, en nous, se trouve désormais le vide, nous devons aménager une place destinée à l'être cher. Certains ne se remettent jamais de la mort d'un proche, tandis que d'autres se redressent plus facilement. J'aimais mon oncle. Et pourtant, il m'a fallu plus de huit mois pour ressentir à nouveau sa présence, pour pouvoir recevoir ses messages. Cela ne veut pas dire qu'il était entre deux mondes, ou qu'il avait besoin de retrouver les siens dans l'au-delà avant de pouvoir se manifester auprès de moi. Le temps n'existe pas pour lui, ni la longueur ni l'attente. C'est moi qui avais besoin de faire mon deuil, et mes proches également. Si j'avais consulté un médium juste après son décès, mon oncle se serait peut-être manifesté. C'est ce qui arrive tous les jours quand les gens viennent me voir. Je crois qu'il y a de la part des âmes un infini respect de notre vie et de notre intimité. C'est quand nous sommes prêts qu'elles viennent à nous. Mon oncle a profité d'une belle réunion de famille pour se manifester. Il a attendu de partager notre petit moment de joie.

Je veux clairement affirmer ici qu'il n'y a ni enfer, ni purgatoire, ni paradis au sens religieux des termes. Il n'y a pas plus de purification des âmes. J'entends parfois parler des âmes de suicidés qui auraient besoin d'un temps de purification, ou de celles de corps en souffrance qui resteraient accrochées dans un entre-deux mondes, comme dans une antichambre de l'après-vie… Les âmes sont étrangères à ces projections religieuses, libérées de ces culpabilités. Toute âme quittant cette dimension retourne immédiatement à l'état *d'amour* et de *conscience* pure, état dans lequel elle se trouvait avant la naissance et l'incarnation. Il n'y a pas trace d'une matière qui l'aurait affectée, ni d'un examen de leurs actes sur Terre. Ne souffre-t-on pas assez dans ce monde, ici-bas ? Pourquoi chercher encore à projeter dans le suivant les mêmes épreuves à endurer ? Il n'y a pas d'âmes en souffrance ! On ne devrait même pas parler de morts ou de défunts. Pour moi, ce sont tous des *âmes*. Et elles sont dans la joie.

En revanche, nous verrons qu'il existe *une empreinte* de leur passage sur Terre, à la fois dans nos relations avec elles et dans tout ce que, parfois, les souffrances de fin de vie ont pu générer d'images douloureuses et persistantes. Ces *empreintes* peuvent produire de puissants blocages sur Terre. C'est pour cela que les âmes viennent nous aider à les effacer, parfois dans le cadre d'un travail de « transgénéalogie », en remontant les générations, ou dans le cadre du deuil lui-même. Elles nous aident à le traverser et à lui donner du sens. Personne ne quitte ce monde, pas plus qu'il n'y entre, par hasard. Et nos rencontres, quelles qu'elles soient, sont le fruit d'une heureuse providence. Il n'y a pas de hasard, car dans le domaine de la pure conscience, il n'y a ni temps ni espace. Il y a, on le verra, un état de potentialités. L'univers est « information », c'est-à-dire *in-formé*, qui n'a pas de forme à proprement parler. C'est un peu complexe à exprimer ; c'est pourquoi j'utilise l'image de la « bande passante », comme si la conscience m'effleurait pour me communiquer certains éléments.

Pour donner un exemple, quelques mois après sa mort, mon oncle est venu me parler de la joie dans laquelle il baigne désormais. Pour cela, il a suffi à cette conscience, à cette « bande passante », de me transmettre sa bienveillance lumineuse. Et c'est tout : j'avais compris que mon oncle, comme toutes les âmes, était dans la lumière. Mieux, il *est lumière*, et rien ni personne ne peut lui faire obstacle.

Les âmes sont lumineuses ; elles ne sont que joie et rayonnement, conscience et amour. Elles sont nos *alliées*. Vous allez voir, dans ce livre écrit pour vous, que nos alliées de l'autre monde ne cessent de nous parler et de se manifester à nous, de nous aider et de nous aimer dans notre quotidien, dans notre vie de tous les jours. Vous découvrirez que leurs messages ne sont pas réservés à un public averti, ou à un cercle d'initiés. Ils sont universels. Tout l'enjeu de notre bonheur, aujourd'hui, réside dans l'écoute que nous sommes capables de leur accorder. L'enjeu est au-dedans de nous : à mesure que nous rentrons dans leur intimité, que nous redécouvrons les âmes de ceux qui ont été nos compagnons sur Terre, nous pénétrons également dans notre propre intimité et redécouvrons cet *au-dedans* de nous, ce lieu où nos fameux « disparus » viennent nous visiter. Il est temps d'ouvrir nos cœurs et de laisser entrer leur Lumière.

Partie 1 – Deuil et naissance d'une vocation

C'est un de mes premiers souvenirs : à l'âge de cinq ans et demi, on m'a « mis » au piano. Le mot est faible pour exprimer ma réticence, à l'époque, à la pratique de la musique. En effet, j'identifiais cet art à ma grand-mère maternelle, une pianiste émérite, chef de chant, chef de chœur, professeure au Conservatoire et exerçant à l'opéra de Lyon et de Paris. J'ai toujours baigné dans cet univers musical toute mon enfance, assistant fréquemment à ses répétitions avec de grands chanteurs lyriques. Plus tard, j'ai moi-même suivi le cursus du conservatoire de chant. Pourtant, contre toute attente, j'ai bâclé le concours d'entrée au conservatoire de piano à six ans. Recalé. On peut imaginer comme la consternation était grande dans mon cercle familial ! La voie était toute tracée pour moi : je devais devenir un pianiste de renom, faire le délice des grandes salles, et ma grand-mère s'occuperait de ma carrière. Mais la vie en avait décidé autrement !

Toute mon enfance, j'ai ressenti les effets de cette projection que l'on a faite sur moi, j'étais talentueux et je devais à tout prix réussir. *On désirait à ma place.* Mais, si la musique allait par la suite devenir une part importante de ma vie, elle ne pouvait occulter cette autre partie de moi-même, tout aussi sensible, qui déjà occupait mon espace intérieur. Car c'est à la même époque, à l'âge de cinq ou six ans, que j'ai commencé à faire ce que je croyais être de sombres cauchemars. Je me réveillais en pleine nuit, suant, hurlant, et je me retrouvais hors de mon lit, debout dans le noir. Impossible de rejoindre l'interrupteur électrique ; la porte de ma chambre semblait avoir disparu ! J'étais comme enfermé dans une autre dimension. Je sentais qu'il y avait des personnes autour de moi, mais j'étais bien trop petit pour comprendre de qui il s'agissait. Arrivé à l'âge où l'on peut réfléchir sur soi-même, j'ai préféré évacuer ces souvenirs comme s'ils n'avaient rien été d'autre que des angoisses nocturnes. Surtout, ne pas les prendre au sérieux... Ce n'est que beaucoup plus tard que j'ai fait le lien avec le don qui grandissait en moi.

Aujourd'hui, je sais que ma situation n'était pas unique. Il n'est pas rare que les premiers contacts avec le monde invisible se manifestent de façon étrange, inquiétante, à travers des impressions de fantômes dans la pièce, des sentiments d'isolement du monde, parfois des apparitions ou même des malaises. L'explication se trouve probablement dans la confrontation des deux univers, visible et invisible, qui crée des tensions, comme le ferait une réaction de deux éléments chimiques.

Voici un exemple assez parlant. Un jour, une femme est venue me voir avec sa maman âgée d'environ quatre-vingt-cinq ans. Alors que la séance s'était très bien déroulée, j'ai reçu, quelques jours plus tard, un appel de ma cliente : sa maman se réveillait en sursaut, tous les matins à six heures tapantes, voyant, un jour, une main au bout de son lit, à droite, qui s'agitait puis disparaissait, entendant, un autre jour, des grattements dans son armoire… Elle craignait d'être sujette à des hallucinations ou que son appartement fût hanté. À la demande de ma cliente, je me suis alors rendu au domicile de sa mère et, une fois sur place, les messages sont arrivés : ils disaient de ne pas s'inquiéter de l'opération qu'elle devait subir dans quelques jours.

Il s'agissait, en fait, à la fois de son mari, qui manifestait son amour, et de sa propre angoisse de l'opération (sa peur de mourir mêlée, peut-être, à son désir de retrouver son mari). Ces deux facteurs étaient ensemble à l'origine des phénomènes pour le moins bizarres qu'elle avait observés. On voit bien ici cette forme de collision entre deux mondes : la manifestation d'une âme, forcément bienveillante selon moi, sur laquelle « se greffe », chez la personne, une angoisse préexistante. C'est le rapport de cette empreinte avec notre propre énergie qui peut se révéler spectaculaire : en un mot, les fantômes n'ont pas de volonté autonome.

En réalité, les phénomènes mystérieux de ce type, parfois dérangeants, ne sont que des manifestations de la présence (*aimante*, comme on le verra plus tard) de nos amis invisibles. Il ne faut pas les confondre avec les fameuses apparitions de fantômes, d'entités malfaisantes, dans ces châteaux ou maisons hantés, dont nous verrons plus loin qu'ils sont tels des toiles d'araignées, retenant l'empreinte de situations ou de personnages passés, mais n'ont d'existence que dans la vivacité du souvenir. Vous me direz : pourquoi leur amour prend-il parfois des formes aussi étranges et dérangeantes ? Comment une source d'amour peut-elle provoquer, chez une personne comme cette mère, jusqu'à des hallucinations ? En réalité, la réponse ne se situe pas dans la source mais dans la réception ; c'est nous qui ne parvenons pas à recevoir cet amour dans sa forme pure, nous qui le transformons en le chargeant de nos angoisses et de nos peurs, nous qui le rendons effrayant, alors qu'il n'a en lui-même rien de dangereux ni d'anormal.

Pour en revenir enfin à notre exemple, je dirais que si nous n'avions pas toutes ces croyances dans le « paranormal », nous ne trouverions, dans cette mère effrayée, qu'une manifestation d'angoisses bien humaines. Cette première distinction est capitale dans la mesure où mon travail est directement inspiré par les âmes qui vivent toutes, sans exception, *dans la joie*. Ainsi, les spectres, parfaitement indépendants de la conscience, ne sont que des résidus voués à être éliminés. Il existe d'ailleurs des personnes douées pour les évacuer. Pour ma part, je suis régulièrement sollicité pour aider des personnes confrontées à ces étranges manifestations. La plupart du temps, les solutions viennent d'elles-mêmes et, avec elles, la clarté et le réconfort. Parfois, il suffit de savoir que nous ne sommes pas seuls, que nous sommes écoutés et entendus dans notre détresse.

Quant à moi, dans ma situation d'enfant de cinq ans effrayé, ma mère venait me rassurer chaque fois et je pus assez rapidement retrouver des nuits calmes et retourner à ma petite existence au cours paisible. Chaque jour apportait son lot de découvertes ! Mes frères et sœurs m'entouraient d'attentions. Je me sentais aimé. Mes parents avaient emménagé trois ans et demi plus tôt dans une maison à la campagne qu'ils avaient fait construire. C'était encore un vrai chantier, et il y avait fort à faire, j'apportais donc ma modeste contribution aux travaux d'aménagement. Je me revois avec plaisir dans un vieux film Super 8, transportant maladroitement – j'avais sept ou huit ans – une brouette remplie de cailloux que ma sœur voulait m'arracher !

J'ai vécu là-bas, dans cette jolie maison à la campagne, jusqu'à l'âge de dix-huit ans. Les soirs d'été, nous nous installions, mon père et moi, sur les transats du jardin et, toutes lumières éteintes, nous regardions le ciel étoilé. C'était une merveille, aussi bien de partager ces rares moments silencieux avec mon papa que de voir cette immensité, *cette infinité* d'étoiles dont j'appris de lui qu'une grande partie était déjà morte. Mais alors, me demandais-je, comment se faisait-il que l'on pût voir encore leur lumière ? Comment quelque chose, mort en un endroit, pouvait-il encore exister dans un autre ? Mon père était à sa façon un mystique, passionné de sciences, qui aimait avant tout la vulgarisation et les explications aisées. Je dois tenir de lui ma proximité avec la physique quantique, et ces expériences de pensée qui ont littéralement bouleversé notre vision du monde. Pour les étoiles, c'était justement très *simple :* elles sont mortes, mais leur lumière continue à nous parvenir. Cet étrange paradoxe du temps et de l'espace me plongeait dans une perplexité sans fin. « Les étoiles que tu vois étaient en activité, mais le temps que leur lumière nous parvienne, elles se sont éteintes. *Ce que tu vois, c'est le passé !* » Je découvrais alors, peu à peu, une chose inouïe : tout ce que nous voyons présent est l'expression du passé. Le temps d'écrire cette phrase, mes mots appartiennent à hier. Tout notre présent porte la marque de son propre passé, à la fois invisible et superposée, indélébile.

DISPARITION DE MA MÈRE

Je me pris très tôt à imaginer l'inexistence de la vie : il y aurait pu n'y avoir personne sur Terre, ni homme ni bête, ni aucune Terre d'ailleurs… J'imaginais qu'il n'y avait rien, et cela me semblait effroyable, à tel point que je pleurais souvent dans ma chambre en y songeant. Ce n'était pourtant pas qu'une expérience de pensée ! C'était une véritable prise de conscience, avec mes émotions, conscience que cela était possible qu'il n'y eût rien. Le vide intersidéral ! Et pourtant, c'est alors que le rien avait tout envahi dans ma tête, ne laissant plus ni famille, ni maison, ni Terre, seulement l'espace infini sans rien dedans ou dehors, sans rien du tout, qu'est apparue dans mon cœur *une présence nouvelle*. Davantage qu'une présence, c'était une conscience. J'ai soudain réalisé que j'étais là. Que pour imaginer qu'il n'y avait rien, il fallait bien que j'existe, moi. Que sinon cette conscience ne serait pas là. Que je ne serais pas présent pour la ressentir. Et à mesure que je réalisais que j'existais réellement, de manière indéniable, je comprenais *qu'une présence, autre que la mienne, m'habitait.* Je n'étais pas seul. Cette sensation, de n'être jamais seul, de percevoir sa propre présence juxtaposée à celle d'entités radicalement autres, était diffuse, un peu comme si j'avais pu distinguer ou capter la présence de personnes dans la pièce d'à côté, sans être en contact avec elles. Comme lorsqu'on s'isole dans sa chambre, mais qu'on entend au loin les bruits familiers de la maison qui s'agite. Cette sensation fugace se répétait à intervalles irréguliers, comme une ombre qui passe puis s'en va, et, entre deux, demeurait cette impression tenace qu'il n'existait rien, que rien n'était réel. Plus je faisais l'expérience du « rien », plus cette autre présence m'habitait. Mais chaque fois que je tentais de la saisir, elle m'échappait, tout comme, lors des cauchemars de mon enfance, la poignée de la porte de ma chambre dans le noir de la nuit. J'étais comme perdu au milieu de l'univers. Ce va-et-vient de sensations contradictoires dura assez longtemps, puis plusieurs années durant je ne vécus quasiment plus aucune manifestation.

Ce n'est pas un hasard si, à cette même époque, j'étais terrorisé à l'idée que ma mère me quitte ou m'abandonne. Les crises étaient mémorables à la rentrée des classes ! La plus petite séparation, son moindre départ pour faire les courses sans moi, le plus anodin signe d'au revoir ou de bonsoir déclenchaient chez moi des scènes difficiles, parfois intolérables, et il fallait chaque fois qu'elle me rassure, qu'elle me promette de revenir. On pourrait trouver mille explications psychologiques à ce syndrome d'abandon. Ma mère travaillait beaucoup, rentrait tard, et mon père était absent la semaine. Aussi mon éducation était-elle confiée à mes frères et sœurs – j'étais alors le benjamin de la fratrie (mon petit frère naîtrait l'année de mes dix ans), etc. J'avoue que j'ai passé de longues et ennuyeuses séances chez mon psy sans véritablement faire le tour de la question. Cette angoisse d'être abandonné restait inexplicable.

Puis, quand j'avais trente ans, ma mère a quitté ce monde, emportée par un cancer foudroyant. C'était la première fois que j'étais confronté à la disparition d'une personne aussi chère. À l'église, lors des obsèques, je ne parvenais pas à tenir debout sans le soutien de mes frères et sœurs ; mes jambes ne m'obéissaient plus. J'ai bien cru mourir moi-même lorsqu'elle fut inhumée. Je pensais : « Ils me l'enlèvent ! » Ils ? Mais qui, ils ? J'étais inconsolable. On m'avait arraché mon âme. Durant les six mois qui ont suivi sa mort, j'ai vécu dans un état cotonneux. Je ne ressentais plus rien, la moindre note de musique me déclenchait des crises de larmes, je vivais comme un automate. Pourtant, derrière ce triste tableau, une petite voix me parlait et me faisait comprendre que le départ de ma mère allait profondément m'aider dans mon évolution. Cette petite voix me faisait l'effet d'une lumière. Je me suis longtemps pris à méditer sur l'écho psychologique de cette intuition, cette petite voix lumineuse, en moi. Je pensais : une rupture radicale, y a-t-il rien de tel pour annihiler ce fameux syndrome de l'abandon ?

Mais, en réalité, ce que j'avais su depuis toujours, je dirai même de toute éternité, intimement, *dans mon âme*, c'est que ma mère me quitterait un jour, *car mon âme avait déjà la connaissance intuitive de ces événements.* Et c'est la prémonition de cette réalité qui me causait ces terribles angoisses, comme si le monde des âmes, espace intemporel, et notre monde, temporel, entraient en collision. Cependant, ce que je ne savais pas encore, et que j'ai découvert plus tard, c'est que ma mère ne me quitterait jamais, car elle ne m'avait jamais quitté. Elle était partie pour me prouver que la mort n'existe pas. En d'autres termes, bien que le deuil fût différent pour les autres membres de ma famille – il est particulier à chacun –, le sens profond, pour moi, de la mort de ma mère était de me faire prendre conscience *de l'inexistence et de l'illusion de la mort.* C'est cette compréhension nouvelle qui allait, bien plus tard, me décider à embrasser ma vocation de médium. Cette prise de conscience causée par l'intensité de la peine a bouleversé ma vie pour toujours. Non seulement le départ de ma mère mettait, étrangement, un terme à mes angoisses d'enfant, puisque l'objet de ces angoisses avait disparu, mais il laissait aussi une béance, une brèche immense, pour que se révèle pleinement, à la manière d'une prophétie, le don qui m'avait été fait dès mon plus jeune âge de communiquer avec d'autres mondes. *Car ma mère serait une des premières âmes à venir me parler de sa survivance après la mort.*

Tout s'est éclairé alors. J'ai compris, avec mes compagnons de l'autre monde, que nous vivons ici-bas dans l'illusion ; que tout ce que nous faisons est l'expression de ce que nous voyons, et que, derrière ce monde apparent, se cache une autre réalité qui sous-tend tous les événements de notre vie, comme une immense toile invisible : c'est *l'interrelation.* Nous sommes tous reliés, tous connectés les uns aux autres, à chacun de ces trois niveaux que sont l'âme, l'esprit et le corps. Ce qui arrive à mon prochain m'affecte, et mes actions affectent mon prochain. Chacune des émotions de l'autre laisse une marque en moi, mais aussi dans chaque personne que je rencontre par la suite, comme une onde, ou un réseau commun d'expériences et de significations. Cette nouvelle compréhension devrait servir de base à toute notre éducation, car son absence comporte un défaut immédiat : l'illusion de la séparation, qui nous fait provoquer et vivre de grands drames.

Après cette révélation, je n'ai plus jamais regardé le monde de la même façon. Par exemple, en voiture, au lieu d'être agressif et de considérer les autres automobilistes comme des ennemis, je m'imagine spontanément qu'il y a au volant une personne que je connais et que j'apprécie, malgré sa conduite déplorable, au plus profond de moi. Souhaiterais-je du mal à une personne que j'aime ? Cet exemple s'adapte à toutes les situations de la vie. Si l'on n'est jamais à l'abri d'un mouvement d'humeur, d'un acte involontaire, il est toujours possible de réparer les dégâts que nous avons causés. Et c'est ce que les âmes allaient me démontrer dans mon travail : des vies brisées, des relations cassées pouvaient être soignées et réparées par l'amour et la compassion. Leurs messages allaient me permettre de réaliser cette alliance extraordinaire, entre le monde visible et le monde invisible et de m'adresser au plus grand nombre possible de personnes. L'expérience de la mort de ma mère a définitivement bouleversé ma vision de la vie et de la mort.

Mon petit cabinet de curiosités

En grandissant, je commençai à m'intéresser plus sérieusement à ce monde que l'on nomme « occultisme », et qui n'a d'occulte que le nom. La littérature ésotérique est vaste : on y trouve de tout. Ce petit monde était fascinant pour le jeune campagnard que j'étais. Tous les samedis ou presque, j'allais dans une célèbre librairie du centre de Lyon où je passais de longues heures à m'imprégner de ce milieu. Certains titres de livres ressemblaient à des promesses : avec l'un on décuplerait la force de son subconscient, grâce à un autre, on se connecterait aux énergies de la Mère nourricière, un troisième nous enseignerait la magie de la divination… J'achetais, à l'insu de ma famille, des livres sur l'astrologie, la magie, les prières… Je me souviens encore d'avoir, à treize ans, fait l'acquisition, en cachette de mes parents (de mon père surtout qui, étant très pratiquant, considérait cet univers comme une hérésie), d'un jeu du Petit Cartomancien (des cartes divinatoires) alors que nous étions en vacances à Carnac. C'était littéralement *magique* ! Tout mon argent de poche y passait. Au début, je tirais les cartes pour moi, puis je le fis pour mes sœurs. Je me rappelle même avoir fait une « miniséance » à mon bientôt beau-frère, à qui j'annonçai qu'il divorcerait aussitôt après s'être marié ! Heureusement, l'oracle ne s'est pas réalisé. J'adorais également les bandes dessinées de Tintin ; le professeur Tournesol et son fameux pendule de radiesthésie me fascinaient. Il avait accès à des informations que personne à part lui ne pouvait déceler. Mieux, il se distinguait en apportant des informations en contradiction totale avec l'avis général. Parfois cela fonctionnait, parfois non. Quoi qu'il en soit, ce pendule m'attirait. Irrésistiblement !

À quinze ans, je pris la décision de commander mon propre pendule et de le faire livrer chez une voisine, elle-même très au fait des publications ésotériques. La publicité promettait de pouvoir parler avec Napoléon ou Jules César ! C'était extraordinaire ! Je passais mon temps à l'interroger sur tout et n'importe quoi, et j'avais le sentiment de posséder un merveilleux talisman que personne ne pourrait m'enlever ; jusqu'à ce que ma mère me le confisque, car j'en perdais, à force, toute sociabilité. Bien sûr, j'ai rapidement déchanté : le pendule ne m'apprenait rien de tangible, et je me retrouvais face à moi-même, avec les mêmes interrogations. Mais cette soif de savoir cachait un profond besoin de *reconnaissance* : j'étais différent et personne ne semblait s'en apercevoir. Ce besoin est universel, c'est vrai, chacun pense être particulier, et réclame d'être reconnu, aimé. Pour ma part, j'avais compris depuis longtemps que je possédais un don, que dans un premier temps j'identifiai comme un don de voyance : il fallait donc que je m'exerce et que je sois reconnu.

Ainsi, mon don se développait, il cherchait sa place en moi. On peut dire que « ça » me cherchait. Je découvrais qu'il faisait partie intégrante de ma personnalité. Mais ce n'est que progressivement que cet élément serait amené à s'intégrer à « mon tout ». Ce qui est très amusant, dans cette idée de partie et de tout, c'est que mon papa travaillait pour une entreprise spécialisée dans les becs verseurs, ces fameux embouts que l'on fixe sur le goulot des bouteilles afin de servir la dose voulue. Je trouve ce clin d'œil de la vie plein d'humour : très jeune, lorsque je commençais à m'exercer avec mon entourage, j'avais ce sentiment que les informations me parvenaient comme par le truchement d'un bec verseur. À juste dose. Cette impression m'a suivi toute ma vie. Ainsi, j'étais comme une boîte aux lettres : « on » déposait en moi des messages. Je transmettais ce « courrier » à ses destinataires et me réjouissais de pouvoir échanger avec eux. Je n'avais cependant aucunement conscience d'être relié avec certains êtres en particulier dans le monde invisible. Nul n'était encore venu me parler directement, ou du moins, je n'avais pas entendu. Aujourd'hui encore, avant de commencer un tournage, ou de recevoir dans mon cabinet, j'ai la sensation du « bec verseur plein », prêt à être vidé de l'abondant courrier du ciel !

Parfois, il y a des colis express, et de manière toujours étonnante, des gens annulent, reportent, échangent leur rendez-vous, laissant les destinataires recevoir ce message urgent de leurs proches dont ils n'auraient sinon pu prendre connaissance (il leur aurait fallu plusieurs semaines ou des mois pour me rencontrer). Je me rappelle une certaine Francine, dont le rendez-vous avait été fixé six ou huit semaines à l'avance. Comme un rendez-vous venait juste d'être décalé, mon assistante me suggéra d'en insérer un nouveau et proposa donc à Francine d'avancer le sien. Elle était si heureuse ! Il s'avéra que le jour de cette rencontre inattendue était celui de l'anniversaire de la mort de sa grand-mère. Comme un « fait exprès », son aïeule avait provoqué ce changement d'agenda pour lui parler. Le bec verseur était plein, et les âmes ont émis l'urgence de transmettre le message.

J'ai commencé à pratiquer la voyance non pas dans ma famille, mais à l'école avec des élèves, ou enseignants, que je ne connaissais pas. En classe de troisième, j'ai dressé le thème astral de ma professeure d'allemand ! Elle me félicita d'ailleurs, et je fus moi-même assez surpris des détails que j'avais pu lui fournir, dans la mesure où, pour la plupart, ils n'étaient pas liés aux calculs complexes de son thème natal : par exemple, le fait qu'elle fût célibataire, qu'elle en souffrît, ou encore son amour pour la poésie… Je décidai alors de creuser un peu plus : tous les jeudis matin, à l'intercours, je « recevais » à mon bureau dans la classe tous les élèves qui souhaitaient faire l'expérience de la voyance. J'avais à peine quinze ans ! Pourtant, c'est venu le plus naturellement du monde, de même qu'à cet âge, on sociabilise facilement et on se lance à soi et aux autres des défis. Le mien était de lire dans la vie de mes petits camarades : je les regardais droit dans les yeux et c'est alors que, à la manière des toboggans aquatiques, je plongeais dans leur esprit, dans leur corps, et pouvais rejoindre presque à volonté leur univers. Je donnais plein de détails sur l'état de santé de la grand-mère de l'un, les travaux de réfection de la maison familiale de l'autre, le divorce qui se profilait pour les parents d'un troisième, etc. À la fin, les gens faisaient littéralement la queue. J'avais réussi « mon coup » et j'en étais heureux. Pour moi, c'était magique ! On reconnaissait mon talent.

Mais petit à petit, on a commencé à me trouver différent. On ne s'attachait pas à moi, on ne recherchait pas ma compagnie. J'étais devenu une sorte de bête de foire. On voulait savoir, entendre, *découvrir*, tout en craignant justement de savoir, entendre, *découvrir.* Face à des personnes comme moi, on ressent facilement une fascination-répulsion. Je me retrouvais donc confronté à une certaine solitude dont je ne suis jamais vraiment sorti. On ne peut pour autant la comparer à de l'isolement : depuis lors, j'ai rencontré d'excellents amis et ma vie sociale est bien remplie. Il m'arrive d'être un boute-en-train, mes proches peuvent en témoigner ! Je crois d'ailleurs que les âmes affectionnent l'humour et les traits d'esprit. J'ai réussi à atténuer les craintes de mes interlocuteurs, peut-être parce que, grâce à l'humour, je parviens à dédramatiser une situation.

À propos d'humour, j'aimerais revenir un instant sur un épisode assez cocasse qui s'est déroulé quand j'étais au lycée, en classe de seconde. J'étais scolarisé dans un établissement privé catholique, où certains enseignements étaient encore dispensés par des religieux... Un autre temps, vraiment, bien que je ne sois pas si vieux ! En seconde, donc, nous devions faire un stage dans une entreprise de notre choix, histoire de nous faire une idée du métier que nous aimerions apprendre plus tard. Alors que tous mes copains avaient choisi des professions de l'industrie, de l'artisanat, du cinéma, de la photographie, je décidai, pour ma part, de rejoindre le cabinet d'une voyante et astrologue, dont l'amie d'une de mes sœurs avait vanté les mérites. Elle avait accepté qu'un jeune homme de seize ans vienne l'interviewer et assister discrètement à ses consultations. Une voyante ! Je crois que je ne manquais pas d'air à l'époque. Je suis même surpris que les instances de mon lycée, le directeur des études en tête, ne m'aient pas opposé leur désaccord ou, pire, n'aient pas convoqué mes parents. Étonnamment, je suis passé entre les mailles du filet. Le stage chez cette praticienne m'avait enchanté. On pouvait donc vivre de ce talent ! Elle semblait épanouie : je me souviens qu'elle était enceinte, et pas loin du terme, car elle se déplaçait avec difficulté. Après avoir tracé les grandes lignes de leur thème astral, elle rentrait dans le détail de la vie de ses clients qui l'écoutaient religieusement. De mon côté, un peu à l'écart, je me tenais coi, mais n'en perdais pas une miette, notant méticuleusement les informations qui me serviraient pour mon rapport de stage. Si je ne comprenais pas tout ce qui se passait en séance, mon désir de pratiquer *par moi-même* allait grandissant.

À cette époque, ma curiosité et mon envie de partager plus avant mon talent se mêlaient à la peur d'être rejeté. Ce don est très singulier, il faut l'avouer. Et je crois que je ne savais pas le communiquer. J'étais enthousiaste, et m'adressais parfois trop directement à mes interlocuteurs qui n'étaient pas préparés. Cela m'a valu plus tard quelques déconvenues, comme lors d'un dîner mémorable où je m'adressai à un des ex-copains de ma compagne. Il portait au poignet une très belle montre dont je devinai d'emblée qu'il l'avait chinée dans un magasin d'antiquités. Ce que je révélai, bien sûr. Or, selon sa version des faits, il en avait hérité de son grand-père… Le problème est qu'il avait pour cela dépensé de l'argent qui n'était pas destiné à cet achat du temps où ma compagne et lui étaient encore ensemble. Il s'est ensuivi une conversation houleuse qui a fini par me retomber dessus. J'ai depuis appris à me taire !

À mesure de ma pratique est apparue une deuxième facette de ma personnalité, comme un double de « moi », que j'ai gardée jusqu'aujourd'hui. Il y a le Bruno qui reçoit les messages des âmes, développe et exprime un talent particulier. Et il y a le Bruno « ordinaire », qui fait son petit bout de chemin quotidien, comme tout le monde. Ces deux parts de mon être, indissociables, ont toujours cohabité. On pourrait comparer cela à la vie d'un musicien qui travaille son instrument, mais ne peut faire l'impasse sur son épanouissement personnel. Je rencontre d'ailleurs régulièrement des artistes ou des personnalités publiques qui ont « oublié de vivre », pour paraphraser la chanson de Johnny Halliday. J'ai mis plus de quarante ans pour trouver ce juste équilibre. Pour cela, il faut s'atteler à des questions primordiales, par exemple : « Quel désir intime prédomine derrière cette "vocation" ? Comment la concilier avec une vie personnelle ? Est-ce pour ma propre gloire, ou pour le bien des autres ? » De grandes ambitions peuvent parfois cacher de grandes blessures. Mais à mon adolescence, je trouvai sur ma route une personne qui allait malgré elle m'aider à rendre ma vie cohérente.

José

Je parlais de ma solitude. Il est vrai que j'étais alors assez secret, réservé envers les membres de ma famille. Mais cette solitude s'est transformée aujourd'hui : j'aime la compagnie des autres, je ne pourrais pas m'en passer, même si j'ai besoin de me retirer régulièrement dans mon « cabinet particulier ». Cette expression, qui vient de ma mère, signifie « réfléchir » et j'ajouterais pour mon cas personnel, « méditer, me ressourcer ». J'ai besoin de me connecter à la source, c'est vital pour moi, de rencontrer mon âme. Au cours de mon adolescence cependant, je me sentais très seul et il ne se trouvait pas grand monde avec qui je pouvais partager mes réflexions intimes. Cependant, un peu avant mes dix-huit ans, je rencontrai José, un précieux ami, plus vieux que moi de trente ans et qui, plein de patience, m'adouba en quelque sorte : il affirmait que je n'étais pas seul, loin de là, et que ma sensibilité n'avait rien d'unique. Je devais selon lui apprendre à l'apprivoiser. José tenait un petit café-restaurant dans l'ancien quartier des soyeux à Lyon. Je m'amusais souvent à regarder et à manipuler les becs verseurs derrière le comptoir ! Le soir, comme d'autres fidèles présents à sa table, je restais après le service pour écouter son histoire ; il était à moitié conteur et à moitié chamane, un peu magicien et surtout un grand voyant. Il avait cette façon bien à lui de tirer les cartes, avec son accent chantant et son rire caverneux. Ces rencontres avec lui me donnaient un blanc-seing pour poursuivre mon apprentissage et me permettaient de ne pas craindre de suivre la voie qui semblait s'ouvrir à moi.

Ma route se précisait : moi aussi, je pouvais être voyant, et l'idée de pouvoir revendiquer ce titre me plaisait ! José manipulait, comme il le disait, les forces occultes. Il m'avait raconté l'histoire de ce mari d'une cliente qui avait débarqué dans son restaurant, furieux que José ait précipité, ou favorisé comme on voudra, sa séparation d'avec sa femme à l'aide de quelque grimoire magique – il faut être très vigilant avec ce type de manipulation ! C'est alors que le mari, une force de la nature, s'était saisi d'une table de bistrot et l'avait jetée sur José ! Mais par la seule force d'une main, José avait repoussé la table qui avait terminé sa course contre le mur. J'étais littéralement fasciné par le pouvoir qu'il semblait détenir. Je voulais moi aussi posséder cette arme redoutable. Mais quelque chose dans cette fascination qu'il exerçait sur moi ne sonnait pas juste, aussi bien chez moi que chez lui. Chez moi d'abord, parce qu'à l'époque j'étais en quête d'une forme de sécurité, je manquais cruellement de confiance en moi. Je recherchais un pouvoir que je retrouvais en José tout autant qu'en mon petit pendule d'adolescent. José, lui, était devenu une référence pour moi, une sorte de père spirituel. Mais il ne s'est jamais vraiment épanoui dans sa vie ni dans son talent qui restait un peu dans l'ombre, comme tabou. Il n'était pas reconnu par sa famille, et c'était une grande souffrance pour lui. Il avait développé et entretenu son talent comme un côté sombre, caché, dangereux, avec parfois une certaine complaisance pour son obscurité.

José est mort quelque temps après, emporté par le sida. J'étais allé le voir à l'hôpital et il m'avait annoncé, triomphant, qu'il avait réussi à inverser la vapeur et que sa guérison était imminente. Hélas, toute sa magie n'y aura rien fait. Son amie de toujours, qui était également sa comptable, m'a prévenu de son décès. Je ne suis pas allé à son enterrement. Je crois que j'étais effrayé par cette maladie qui semblait frapper au hasard, effrayé aussi de voir que José était bel et bien mort et que sa voix bienveillante ne me rassurerait plus jamais.

Il y a peu, José est venu me parler, alors que, je l'avoue, je l'avais enfoui au plus profond de mes souvenirs de jeunesse. Ce qui m'a frappé, c'est la manière dont sa présence, son *onde*, a tout de suite fait remonter en moi tous ces souvenirs. Ceux-ci n'avaient pas disparu, mais s'étaient simplement mis en veille. José fait partie de ceux qui contribuent, dans l'autre monde, à la transmission des messages ici-bas. Sa place est stratégique dans le fonctionnement des relais d'énergie. Sans ces relais, point de transmission. Je reviendrai sur ce sujet plus tard, notamment quand je parlerai de ce que sont et font les âmes. Car si l'âme jouit d'une entière liberté dans le monde infini de la conscience, si elle ne « fait » rien à proprement parler, elle intervient dans le grand tout avec parfois des spécificités qui lui sont propres. Le propre de l'âme de José est de transmettre l'énergie, comme ces points relais par lesquels passe votre commande avant d'être livrée dans votre boîte aux lettres. Bien sûr, la comparaison est très approximative, mais elle en donne une idée amusante. Il s'agit de toujours voir les âmes et nous-mêmes comme des relais les uns pour les autres, que nous vivions ici ou de l'autre côté. Quant à José, il est comme une centrale électrique avec quantité de câbles et plots de transmission à sa disposition.

Mais je ne saurais ceci que bien plus tard. À l'époque, j'avais encore dix-huit ans. Je tirais les cartes avec aisance, je pouvais prédire l'avenir, mais rien ne me faisait encore songer à des messages venus de l'au-delà. J'avais davantage le sentiment de « posséder un don » spécifique plutôt que de servir de relais pour aider les autres. José, à son niveau, même s'il était d'une grande générosité, n'avait pas réussi à dépasser ses contradictions, à intégrer son talent dans sa vie quotidienne. Son grand mérite à mon égard avait été de me guider sur le chemin de ma vie spirituelle. Pour l'heure, je vivais assez singulièrement mon rapport au monde. Il faut ajouter qu'à l'époque, j'étais souvent traversé par des pensées qui ne m'appartenaient pas. Je résidais encore à la campagne, chez mes parents, et les promenades en ville se transformaient souvent en cauchemars : j'entendais tout ce qui se disait dans la tête des passants, à la façon d'un murmure permanent. Heureusement que ce n'était que par périodes. Il m'était difficilement supportable de me trouver au milieu de la foule dans la rue. J'ai par exemple un jour ressenti les angoisses d'un homme qui souffrait d'une rage de dent et se rendait d'urgence chez le dentiste, et en partie sa douleur, comme des élancements. Il m'est arrivé aussi de percevoir la colère d'une mère de famille assez remontée contre sa fille, parce qu'elle avait manqué leur rendez-vous, prévu pourtant de longue date et auquel la mère tenait énormément. Je pourrais multiplier les exemples. J'entendais tout, sans moyen de trier, de contrôler, tandis qu'aujourd'hui, je peux « baisser le rideau » à volonté et, sauf exception, je ne suis plus dérangé.

Paris, me voilà !

En 1991, alors que je démarrais une vie professionnelle laborieuse, une autre rencontre, amoureuse cette fois, allait me faire quitter ma ville natale de Lyon et m'installer durablement à Paris. À la faveur de mémorables vacances d'été en Corse, je fis la connaissance de Christine qu'une amie m'avait présentée. Ce fut le coup de foudre. Tout simplement. De retour à Lyon, je ne pouvais imaginer vivre loin d'elle au quotidien, je devais absolument la retrouver. Qu'à cela ne tienne ! Je décidai de tout quitter et, après avoir rendu mon appartement, je la rejoignis dans la capitale avec mes quelques affaires. Il est vrai qu'à l'époque, je ne possédais pas grand-chose. Une nouvelle vie s'offrait à moi à Paris ! J'avais toujours rêvé d'y habiter. Irrésistiblement, à Lyon, ma vie s'étiolait, et il est évident que les âmes me faisaient déjà un clin d'œil en m'ouvrant cette voie vers l'avenir. Je retrouvai Christine dans son appartement de Montmartre, au cœur d'un petit village comme seul Paris sait en créer. Je découvris un univers totalement nouveau : ma compagne travaillait dans le cinéma !

Afin de subvenir à mes besoins, j'enchaînais les petits boulots. J'ai même joué au père Noël dans les grands magasins ! J'ai été employé un temps dans un grand laboratoire de cosmétiques... Quelle n'était pas la joie de ma Christine et de ses amies, en me voyant revenir le week-end les bras chargés d'échantillons de maquillage et d'invendus ! Depuis mon adolescence, j'adorais la musique de film. Je m'amusais alors dans ma chambre à arranger à ma façon les *Nocturnes* de Chopin, à les associer à des séries ou encore à des scènes issues de mon imagination. Je m'essayais même à la composition. On me recommanda un jeune professeur du conservatoire de Paris qui allait m'enseigner les bases de l'écriture musicale. Pour le reste, j'avais mon inspiration ; elle était débordante. Pour gagner ma vie, je jouais du piano dans les bars de Montmartre. Je garde de cette époque un souvenir délicieux, plein d'insouciance et de rencontres formidables.

Christine et moi étions très proches sur tous les sujets spirituels. Je me souviens d'un livre qui nous avait marqués tous les deux à cette époque : *Médecins du ciel, médecins de la terre* de Maguy Lebrun[1].

Ce livre relate l'expérience incroyable d'un couple de Grenoble, elle infirmière et lui comptable, qui furent appelés par ce qu'ils nommaient leurs « guides » à quitter leur vie pour fonder un lieu communautaire dédié à l'accueil et à la prière. Le mari devint médium, et Maguy Lebrun, sa femme, auteure de l'ouvrage, apprit à soigner grâce au magnétisme. De grandes guérisons ont eu lieu au cours de leur vie. Si je ne partage pas tous les points de vue qu'il présente, je recommande cet ouvrage à toute personne qui voudrait connaître de l'intérieur la vie quotidienne de ceux qui ont tout donné aux autres. Cette lecture me bouleversa et interrogea radicalement mon mode de vie : je compris alors que je n'étais pas à ma place. Il faut imaginer le choc que cette prise de conscience me causa. Ce fut comme un déclic. Christine et moi nous sommes alors séparés.

Grâce à un ami, je trouvai quelques meubles au marché aux puces de Saint-Ouen :

1. Robert Laffont, 1993.

une jolie paire de fauteuils style 1950 et une petite table hexagonale assortie. Je pouvais tirer les cartes dessus et mon petit appartement de l'époque, dans le 17e arrondissement, convenait à merveille à mes séances. Quelques amis avaient relayé ma décision de m'installer en tant que voyant, mais les clients tardaient à venir. On ne se fait pas un nom juste parce qu'on en a envie ! Cette expérience se révéla difficile, laborieuse, car je ne connaissais pas grand monde à Paris et chacun sait combien il est ardu de développer une activité sans avoir, *a minima*, l'appui d'un réseau bienveillant. Par ailleurs, si j'avais grand plaisir à recevoir mes clients, je n'étais pas à l'aise avec mon mode de travail. Je n'aimais guère « lire l'avenir », comme le font la plupart des praticiens dans mon domaine. En fait, je crois que je n'ai jamais aimé cela. Je prenais conscience peu à peu à quel point l'activité de prédiction, si elle n'est pas travaillée, affinée (« Vingt fois sur le métier remettez votre ouvrage », disait Nicolas Boileau), et même contrôlée par un esprit vigilant, peut se révéler aliénante et dangereuse. Je préfère à l'idée d'avenir, qui n'existe pas pour l'homme (me semble-t-il), l'idée de « devenir », de « dessein », c'est-à-dire ce que l'âme désire et aspire à réaliser.

Si je ne crois absolument pas au hasard, je fais confiance en revanche à la *providence*, un mot désuet je l'avoue, mais qui par sa poésie rend mieux compte de mon propos. Nos amis invisibles sont les champions pour provoquer des conjonctions de facteurs (rendez-vous, rencontres, déblocages de situations sans issue). Je voudrais dire ici que les synchronicités, sortes de rendez-vous entre le visible et l'invisible (je parle de quelqu'un et, à ce moment-là, il m'appelle au téléphone, ou alors je le rencontre dans la rue), ont été largement évoquées par le psychanalyste suisse Carl Gustav Jung. Elles font partie de la providence. La providence, c'est la « sagesse qui prévoit et pourvoit ». Cette sagesse qui nous vient de nos âmes, elles-mêmes reliées à une conscience plus grande, nous avertit parfois d'un danger, ou nous place en contact avec les bonnes personnes. Mais je n'en étais pas encore là à l'époque. Je ressentais surtout ce malaise de « réciter » l'avenir, si je puis dire, comme autrefois on disait la bonne aventure. Il manquait du sens aux événements, ils ne pouvaient se produire de façon aléatoire comme si l'on jetait les dés. C'est sans doute à cela que tenait ma gêne dans mon travail.

Et puis, un soir, attablé avec un ami dans une brasserie parisienne, j'avise deux Américaines qui dînent à la table voisine. Toutes deux sont habillées de noir et très élégantes. Je les sens prêtes à échanger sur la beauté du lieu et le plaisir d'y partager un repas. J'ai souvent retrouvé cette spontanéité chez mes amis anglo-saxons ; on peut, dans un restaurant ou un train, parler avec des inconnus comme si on se connaissait. Nous engageons la conversation, et à la faveur de quelques coupes de champagne, oubliant ma retenue naturelle, je me lance et commence à raconter la vie de l'une d'entre elles. Jeanie, c'est son nom, fond alors en larmes : tout ce que je révèle est juste. Elle travaille pour une société taïwanaise qui commercialise des fleurs synthétiques, elle est en pleine crise avec son mari, qui la trompe, elle a pris des vacances à Paris pour y retrouver sa sœur, expatriée ici pour quelques mois. De mon point de vue français (je n'avais pas beaucoup voyagé à l'époque et Internet n'existait pas !), la vie de Jeanie ressemblait à un épisode d'une série télé à l'eau de rose. Et tout en lui dévoilant des détails personnels (je me rappelle avoir évoqué la vie dispendieuse de son mari à New York, avocat de renom qui enchaînait les conquêtes), je visualisais avec une netteté surprenante et nouvelle les informations que je lui transmettais. Je découvrais peu à peu que lorsque je parlais une autre langue, mon cerveau occupé à traduire laissait un espace plus grand à mon talent visionnaire. C'est grâce à cette expérience américaine que j'ai réalisé à quel point il est important de déconnecter le cerveau analytique, afin de laisser s'exprimer entièrement notre dimension spirituelle. Dans mon cas, les fameux « flashes » fonctionnaient à merveille. Aujourd'hui encore, les séances en anglais ont une saveur particulière… En tout cas, Joan, la sœur de Jeanie, et moi, sommes devenus très bons amis. Nous nous reverrions plusieurs fois après que Jeanie soit retournée à New York. Car alors, contre toute attente, Joan me proposa un deal à l'américaine.

Alors qu'elle s'apprête à retourner aux États-Unis, elle m'invite à dîner chez elle dans son appartement parisien et me dit tout de go : « Bruno, je voudrais que tu t'occupes de mon ami Steven qui a de gros problèmes de drogue et de ma sœur Jeanie qui ne trouve pas d'issue à sa crise conjugale. Je voudrais que tu leur parles et leur apportes ton aide, comme tu sais si bien le faire. Je t'offre le billet d'avion pour New York et t'ouvre ma maison ainsi que mon carnet d'adresses pour te permettre de gagner ta vie durant ton séjour. » Comment résister à pareille proposition ? Vivre à New York, quelques semaines, comme si c'était chez moi ! Marché conclu.

LE RÊVE AMÉRICAIN

En 2001, à l'époque des événements que je relate ici, un médium faisait sensation aux États-Unis : John Edwards. Il animait une célèbre émission de télévision, *Crossing Over*, dans laquelle il interagissait avec le public du studio. Il s'adressait spontanément aux candidats assis devant lui et semblait pouvoir leur parler avec aisance et surtout en leur donnant des détails stupéfiants. Les candidats repartaient abasourdis. Lorsque j'ai regardé pour la première fois cette émission, j'ai eu la révélation de ma vie : *j'étais médium*. Par je ne sais quel processus, tout s'est ouvert en moi d'un coup. Je ne comprenais pas comment ni pourquoi, je n'avais eu aucune confirmation d'un appel quelconque comme on peut en relater dans les biographies de certains médiums. Je savais, c'est tout. Pas d'événement spectaculaire ou de vision fantastique. Une simple certitude. Comme si toutes mes recherches antérieures, mes cheminements et mes tâtonnements depuis ma plus tendre enfance avaient enfin trouvé leur aboutissement, leur unité. Pourtant, certains indices auraient dû me mettre la puce à l'oreille. Déjà à Paris, j'avais été invité ici et là à participer à des conférences suivies de séances publiques. Pour moi, la frontière entre la voyance et la médiumnité était alors assez floue. Je travaillais auparavant avec mon « bec verseur », c'est tout ! En voyant cette émission, j'eus la conviction d'être médium. Cette certitude devait évidemment évoluer en profondeur par la suite, lorsque l'appel définitif des âmes me déterminerait à reprendre le métier, comme on dit. Cependant, à l'époque, je vis du moins ma voie propre se dessiner, la lumière de ma vie remplacer l'ombre et l'indétermination.

Durant cette période, je fis régulièrement l'aller-retour entre Paris et New York, ainsi que d'autres villes des États-Unis où j'exerçais ma nouvelle profession. Malgré cette certitude que j'avais acquise grâce à l'émission de John Edwards, je n'avais pas atteint, je le sais maintenant avec le recul, la maturité pleine et entière de ma vocation. Sans doute, l'engagement dans lequel je me trouve aujourd'hui venait-il d'éclore ; mais il lui manquait encore, pour se réaliser concrètement dans le monde, un déclic supplémentaire qui marquerait sa plénitude. De fait, ma vie personnelle n'était pas vraiment en ordre et il me restait encore de nombreuses choses à vivre avant que, bien plus tard, les âmes ne me fassent la proposition qui changerait ma vie. Peut-être mon don ne s'épanouissait-il pas parce que je n'étais pas en concordance avec moi-même.

Les attentats du 11 septembre 2001 mirent un sérieux coup de frein à mes allers-retours aux États-Unis. Ce n'est qu'à la fin de 2002 que j'y retournai enfin pour rendre visite à mon amie Joan et aux nouveaux clients que j'avais rencontrés là-bas. Je continuais à battre et tirer les cartes, et les gens venaient me consulter pour être aidés dans des problématiques personnelles, et non pour contacter des proches décédés. Personne, à commencer par moi-même, ne soupçonnait ma capacité à rentrer en communication avec les âmes. Je me rappelle pourtant une cliente, sculptrice new-yorkaise d'une cinquantaine d'années, une femme assez grande au regard pénétrant. Ses sculptures de têtes d'hommes et de femmes étaient un peu partout dans l'atelier où je l'avais retrouvée. L'endroit servait à la fois de minicantine d'un côté, avec banc, chaises, frigo et cuisinière, et, de l'autre, de beau salon de réception avec vue imprenable sur le quartier de Wall Street. Elle me consulta au sujet de sa fille qui avait de gros problèmes avec son père, chez qui elle vivait, et dont ma cliente était divorcée. Sa fille avait par ailleurs un récent problème d'addiction aux drogues. Que faire ? Tout en mélangeant mon jeu de cartes, je regardais les statues qui m'entouraient, et une force me poussa vers l'une d'elles. Elle avait une expression un peu hautaine, d'où émanait un air d'extrême. J'entendis alors, au creux de mon oreille : « Elle tient de moi, elle vit ce que je n'ai pas réglé avec lui. » Une voix se superposait à ma pensée. Pointant mon doigt vers cette tête, j'interrogeai ma cliente à son sujet : il s'agissait de la mère de son ex-mari et père de sa fille. Quand je lui répétai ce que je venais d'entendre, la cliente fondit en larmes. Elle m'expliqua que sa belle-mère était décédée avant d'avoir pu régler ses problèmes relationnels profonds et anciens avec son fils. C'était une des raisons qui l'avaient poussée au divorce. Depuis cette époque, sa fille avait vécu chez son père et les problèmes (comme par hasard !) étaient apparus.

C'est alors que je lançai, spontanément, à ma cliente : « Il serait peut-être bon que votre fille s'éloigne un peu de son père ; faites en sorte qu'elle aille vivre ailleurs. » C'était clair : plus la fille demeurait avec son père, plus ses problèmes s'aggravaient. En réalité, elle subissait les répercussions des tourments non réglés entre son père et sa grand-mère, comme si la relation nocive entre la grand-mère et son fils se projetait sur la relation père-fille, le tout sans qu'aucune des personnes concernées ne s'en rende compte. La jeune femme « absorbait » les blocages intérieurs de son père et, cherchant par tous les moyens à s'en défaire, sombrait peu à peu dans l'addiction. Il était urgent qu'elle s'éloigne de lui, tant sur le plan géographique que psychologique. C'est ce à quoi œuvra ma cliente aussitôt. Elle loua un studio pour sa fille dans le centre de Manhattan et avec l'aide d'un thérapeute, celle-ci put remonter la pente, arrêter la drogue et reprendre finalement le cours de sa vie. Elle le méritait bien. Quant à moi, j'avais beau avoir entendu cette petite voix se juxtaposer à la mienne dans ma tête, je n'avais pas compris encore qu'une âme était descendue me parler pour aider sa famille.

Chez Joan, j'étais installé comme un roi. Une immense chambre qui mesurait presque autant que mon appartement parisien, avec un lit king-size et une partie salon dont les fenêtres s'ouvraient sur un magnifique chêne, me permettait de recevoir mes visiteurs comme chez moi ! Un cadre idéal. Les clients, dont beaucoup appartenaient au cercle de mon hôtesse, se succédaient. Tout s'enchaînait à merveille. C'était unique : ses amis accueillaient leurs amis, mais parfois même des inconnus, chez eux, pour me les présenter. Il y a un côté tellement plus fluide dans la façon de faire se rencontrer les gens, on ne garde pas ses relations pour soi, on les partage. Tout paraît plus simple. Et c'est ainsi que les réseaux se constituent outre-Atlantique. J'avais la belle vie : Joan me faisait découvrir Manhattan et la jolie banlieue de New York où elle vivait. Sans que cela ne me tourne jamais la tête, j'avais alors, comme à Paris dix ans plus tôt, le sentiment merveilleux qu'une vie nouvelle commençait pour moi. Une aventure *intérieure* traçait son sillon dans ma vie.

J'avais alors constitué un petit réseau de clients satisfaits et fidèles, qui me légitimaient tous les jours dans ma nouvelle démarche. J'aurais pu, à ce moment de ma vie, chercher à m'installer définitivement aux États-Unis. Le *psychic* (« voyant ») au *french accent* plaisait, sa réputation ne cessait d'augmenter. Mais les voyages entre l'Europe et l'Amérique coûtaient un bras et je n'avais pas les moyens de m'offrir cette armée d'avocats dont j'aurais eu besoin pour obtenir un visa de travail. Nous connaissons tous les obstacles pour s'installer sur le sol américain : les chances de succès sont très réduites et les événements du 11 septembre avaient rendu les choses encore plus difficiles. Je ne pouvais pas non plus demander à l'infini des visas de tourisme. Je décidai donc de rester à Paris.

J'ai beaucoup apprécié faire des consultations en anglais. Je continue aujourd'hui à donner des consultations par Skype à mes clients américains ou anglais et des clients français qui vivent là-bas. Cette expérience outre-Atlantique m'a apporté une confiance en moi qui me manquait pour réussir. Savoir s'exprimer dans une autre langue, s'adapter à d'autres milieux, à une autre culture, vivre loin de ses attaches, porté par l'insouciance, sur une terre qui offre tant de possibilités aux nouveaux venus, c'est ce dépaysement complet qui m'a conforté dans ma vocation. L'Amérique reste une terre de promesses. Je ne saurais jamais vanter assez les vertus des séjours à l'étranger pour le développement de l'esprit. Les pays anglo-saxons sont bien plus ouverts à la culture « ésotérique » que la France qui, malgré de belles avancées ces trente dernières années, reste farouchement attachée à l'esprit cartésien. Cet accueil à l'américaine, qui contrastait tant avec la méfiance qu'avait suscitée mon don dans mon pays natal, ne pouvait qu'alimenter mes espoirs de reconnaissance. On ne peut pourtant pas dire que, dans cette période américaine, j'aie été véritablement ambitieux : jamais je n'ai forcé le destin à se plier à mes désirs. C'est plutôt comme si les portes s'ouvraient les unes après les autres, de manière naturelle, presque évidente, et que ma vraie responsabilité résidait dans le choix, ou non, de les emprunter. L'une après l'autre, je franchissais ces étapes, sans me douter qu'il allait encore se passer des années avant que l'appel des âmes ne se fasse entendre.

Retour à Paris

De retour à Paris, je suivis le cours de ma vie. Il fallait que je songe sérieusement à trouver du travail et à équilibrer mes finances. Avant de partir pour mon dernier voyage, fin 2002, j'avais postulé à un emploi pour lequel je ne disposais d'aucune des qualifications requises – comme il m'est arrivé de le faire tant de fois dans ma vie. Une amie m'avait conseillé de rechercher un job stable, et je sentais bien moi-même qu'il me fallait une sécurité. Il peut être difficile et angoissant de vivre seulement de son talent ; beaucoup le savent ! Ayant débarqué à Paris le jour même de mon entretien d'embauche pour ce poste, je suis malencontreusement arrivé une demi-heure en retard… Qu'à cela ne tienne ! Je décrochai cet emploi haut la main.

Ainsi, j'ai passé de longues années à assumer une vie professionnelle qui se voulait équilibrée, sans me douter que ma vie était en train de basculer silencieusement, tout en douceur. Cette longue parenthèse de vie professionnelle m'a, en quelque sorte, forgé le caractère. Le plus étonnant, quand j'y repense, c'est encore la cohérence avec laquelle mon itinéraire s'est dessiné, même lorsque je croyais m'être éloigné de ma vocation. Sans le savoir, intérieurement, j'étais déjà sur le chemin ! Tous les ressorts familiaux et transgénéalogiques qui sont à l'œuvre dans mon travail aujourd'hui, je les appréhendais d'une certaine façon dans un métier à mille lieues de ce que je fais à présent.

Mais alors, *quid* du don que j'avais reçu ? Tout cela n'était-il qu'une partie de ma vie, de ma jeunesse ? J'avais clairement mis entre parenthèses mes talents psychiques – un peu oubliés –, mais sans jamais abandonner ma quête spirituelle. Il y a des moments dans la vie d'un être humain où certaines ressources, pourtant essentielles à son développement personnel, sont provisoirement en suspens. Au début de ce long cycle, je le rappelle, il s'agissait de remplir mon assiette, de payer mon loyer, de subsister. Et sans doute, sans vraiment comprendre pourquoi, j'avais profondément besoin de faire une pause dans ma pratique de médium, de prendre du recul pour mieux avancer. De fait, tout, en mon for intérieur, se préparait à éclore. Mais avant cela, il me fallait encore passer quelques épreuves.

En 2006, je décidai de faire une retraite spirituelle dans une communauté que je connaissais bien. Ce n'était pas la première fois. D'autant plus qu'à l'époque, j'avais régulièrement besoin de me retrouver dans un lieu de recueillement et de prière, loin de l'agitation de la ville et de la fatigue de mon travail. On ne mesure pas assez ce que la vie quotidienne peut avoir de fatiguant, pas tant au niveau physique (bien sûr, c'est important) que spirituel. Tout est fait dans notre société pour étouffer, cacher notre dimension intime, créatrice, tout ce qui émane de notre âme. Les artistes, comme les chanteurs ou les comédiens, ont une grande chance (qui se mérite !) de pouvoir passer leur temps à faire ce qu'ils aiment, à s'accomplir dans le monde selon un ajustement entre le corps, l'esprit et l'âme. Oh, bien entendu, cela ne règle pas pour autant tous les problèmes personnels, et j'en reçois aujourd'hui beaucoup qui ont besoin de se dégager d'une gangue héréditaire. Je suis heureux de vivre aujourd'hui en plein accord avec moi-même, sur tous les plans, et je mesure la chance que j'ai eue d'avoir été guidé dans ma vie, bien que cela n'ait pas été facile tous les jours, et que je me sois longtemps demandé ce que je faisais sur cette Terre avec tous ces talents que j'étais dans l'incapacité de transformer l'incapacité de transformer.

Pour la retraite, j'avais choisi un lieu où l'on pouvait à la fois échanger, se faire accompagner et trouver un refuge propice à l'introspection. En me promenant dans les bois et sur les collines, en sentant la paix de la nature, j'ai réussi à toucher du doigt mes difficultés relationnelles, l'impasse où je me trouvais dans mon rapport à l'autre, qui tenait de l'attachement et non de la relation vraie.

Je ne parvenais pas à me libérer complètement de mon lien à ma mère, décédée huit ans plus tôt. Son empreinte, plus profonde, plus tenace que je ne l'avais imaginé, marquait toutes mes relations, comme si je cherchais à reproduire systématiquement une proximité impossible. J'avais l'impression de ne jamais être à ma place, de ne pas trouver ma place. En clair, je ne savais pas quoi faire de ma sensibilité, qui se révélait peu à peu à moi.

C'est alors que je décidai de faire table rase du passé, de me débarrasser de toutes mes babioles : livres, cartes, revues… Tout est passé à la benne ! Et brusquement, aussi surprenant que cela puisse paraître, je me suis senti libéré intérieurement. Comme j'avais trois ans plus tôt commencé un nouveau job, il ne m'était pas difficile d'évacuer toute cette partie de mon passé, de ma jeunesse, de mon enfance même, qui n'avait pas trouvé un écoulement heureux et qui était un peu restée en suspens. Comme parfois le temps s'étire, comme il est long de se trouver ! D'une certaine manière, je mis aussi au rebut d'anciennes pratiques, une façon de consulter qui ne me convenait pas : comme je l'ai précisé plus haut, prédire l'avenir ne me plaisait pas, au fond ; et je me sentais limité dans ma façon de travailler, dans ma relation à mes clients. Je trouvais cela aliénant et réducteur. Cela manquait d'élan, de souffle, de relief. Il me manquait *une parole :* les messages des âmes. Je crois que je cherchais déjà un sens à ce que j'annonçais aux autres, pour ne pas me contenter d'étaler des cartes qui prédisaient beaucoup sans expliquer assez. Plus tard, j'ai étudié différemment les cartes, le tarot de Marseille en particulier, qui regorge d'images archétypales (c'est-à-dire des images qui nous sont communes à tous) religieuses ou païennes, et qui invite à un chemin initiatique bénéfique.

C'est toutes ces choses que j'ai comprises durant cette retraite. Comme je ne détenais pas encore la clé qui m'aurait permis d'aller plus loin, je décidai de mettre cette sensibilité entre parenthèses et de poursuivre la construction indispensable de ma vie sociale ; en d'autres termes, de forger mon identité. Je quittai ce nomadisme dans lequel je m'étais toujours senti vivre, afin de m'attacher à des valeurs plus matérielles, plus sédentaires. Bien que je me sois assagi, dans la mesure où ma vie s'est structurée, je peux dire avec certitude que, depuis lors, tout au fond de moi, je suis resté ce nomade sans attaches, comme l'étaient autrefois les médiums ou les voyants dans leur charrette, parcouraient les pays et vivaient des dons de leurs clients. Toute cette période m'a appris à grandir. J'ai mûri, dans tous les sens du terme, y compris celui de mes cheveux que je n'ai plus, et de ma barbe qui blanchit…

Le nomade revient au galop

On pourrait penser, à la lecture de tous ces événements, que ma vie était assez instable, un mélange de hasards incroyables et de longs moments de calme. C'est assez vrai quand j'y repense. J'ai eu beaucoup de chance : je prenais une direction et, au moment opportun, des changements inattendus se produisaient. J'étais toujours tiraillé, gêné aux entournures. Et tout cela s'accompagnait d'une aspiration spirituelle profonde. Comment concilier ma vie intérieure, si riche, avec le monde extérieur ? Le fond et la forme ? Il fallait me préparer pour être parfaitement ajusté. C'était, quand j'y pense, un sacré challenge, et je n'en avais pas encore fait la synthèse. D'ailleurs, je n'en avais pas conscience alors que, depuis toutes ces années, j'étais travaillé intérieurement par la présence et l'ascendant de mes amis invisibles. Je n'avais pas réalisé qu'ils préparaient en moi, depuis l'enfance, une mutation intérieure qui justifierait par la suite toutes les étapes de ma vie. Et je n'imaginais pas qu'ils viendraient bientôt me demander de participer à une bien plus grande aventure.

Et soudain, un beau matin de février, alors que depuis de longs mois je bâillais au travail, je pris une décision radicale, dictée par un impératif intérieur. Je quittai sur-le-champ mon emploi, me séparai de mon appartement, liquidant tout ce qu'il contenait, meubles, piano, plantes, jusqu'au dernier CD. Après avoir déposé chez ma sœur, en Bretagne, l'ordinateur et le clavier sur lesquels je composais ma musique, ainsi que quelques papiers importants, je répondis à l'invitation de quelques amis et quittai la France avec eux pour l'Amérique.

Je suis resté à New York pendant plus d'un mois. Devant l'enthousiasme de mes amis lors de nos retrouvailles, et peut-être aussi face à l'ouverture d'esprit et au caractère bon enfant propres aux Américains, je me suis laissé aller et j'ai recommencé à donner quelques consultations. Cela faisait des lustres que n'avais pas pratiqué ! Et que dire ? C'était comme retrouver le visage d'un ami de toujours, d'un compagnon d'enfance enfoui dans la mémoire et dont l'image, le souffle, les gestes ressurgissent d'un coup, avec tout ce que l'on ressentait pour lui. Séduit par cet ami d'antan qui me tendait la main, je me suis résolu à refaire quelques consultations, d'autant que mon entourage m'encourageait un peu plus chaque jour. Pour ce faire, une fois rentré à Paris, je comptais déposer une nouvelle demande de visa de tourisme auprès de l'ambassade des États-Unis en France. Mais celle-ci me refusa indéfiniment l'accès au territoire américain. Ce fut un choc ! Mais c'était un signe, aussi. On m'empêchait d'accéder à ma vie passée, de renouer avec un temps que j'avais autrefois rejeté. C'était un signe, et l'appréciant avec toute la justesse qu'il méritait, j'ai pu bien vivre ce revers. Cependant, je me retrouvai dans une situation alarmante : sans emploi, sans toit, avec heureusement quelques économies. Un nomade, encore une fois…

Je m'installai alors dans la petite maison de vacances de ma sœur en Bretagne. J'entrais en fait sans le savoir dans une période qui allait définitivement changer ma vie. J'ai passé cette année-là dans une solitude totale, dans un recueillement intégral qui me laissait le loisir de faire de la musique, d'en jouer et d'en composer, et aussi d'écrire et de composer. Je renouais avec mes plaisirs d'adolescent, devant un ordinateur qui me permettait de créer de beaux univers musicaux, des compositions fantastiques. Durant cette période, j'ai poursuivi et terminé une comédie musicale que j'avais commencée à mes heures perdues quelques années auparavant. J'espère qu'elle finira par voir le jour ! Sans pouvoir l'expliquer, je savais au fond de moi, avec une certitude rarement éprouvée, que ma vie allait radicalement changer. Tout autre que moi aurait pu paniquer à l'idée de se retrouver, la quarantaine avancée, sans emploi, avec des ressources matérielles limitées et aucune certitude autre qu'intérieure. Eh bien, étrangement non, j'étais confiant, sûr de moi. Je me sentais en paix, comme en union avec moi-même, et ce sentiment-là ne m'a plus quitté depuis.

Un matin, alors que je peinais devant un arrangement musical, presque à bout de force et d'inspiration, je me mis à griffonner quelques gribouillis sur mon carnet de musique, d'abord sans grande conviction, rêveur, relâché. Et puis soudain, le stylo commença à prendre son indépendance. Il écrivit d'abord « pardon », puis « je vais te donner un petit coup de pouce ». C'était étrange ! Je n'avais jamais vécu cela auparavant, jamais je n'avais pratiqué l'écriture automatique, jamais, au grand jamais je n'avais eu la main guidée ainsi par une force mystérieuse. Et là, chaque lettre s'écrivait toute seule et m'envahissait de cette même douceur chaude et réconfortante qui est propre aux âmes, qui précède et suit chacune de leurs visites. C'était la première fois que je vivais si clairement une superposition entre ma propre voix et celle qui courait sur le papier. La personne qui me parlait avait pris ma main, mon écriture comme moyen de communication. On m'adressait un message ! Alors que les lignes continuaient à s'enchaîner, lentement, sans se presser, on me dit que le temps était venu d'agir et, c'était la première fois que j'entendais ce mot, que j'allais servir de *relais* aux âmes. C'est à ce moment-là, j'en ai le souvenir exact comme si c'était hier, que mon corps, mon esprit et mon âme, que tout mon être s'éveilla comme une fleur qui éclot dans la nuit, et que je perçus distinctement, sans le moindre petit doute, la présence de nos alliées les âmes.

Il faut dire que, depuis quelques jours déjà, j'avais le sentiment étrange de ne pas être seul dans la maison. Cela n'avait rien à voir avec l'impression un peu bizarre qu'on peut avoir lorsque l'on vit lorsque l'on vit dans une maison plongée dans la solitude. Je décrirais plutôt ce phénomène comme une claire superposition d'une autre personne avec moi, comme une juxtaposition de mes propres pensées, de mes propres émotions avec d'autres qui ne m'appartiennent pas. Mon oreille gauche chauffait beaucoup, comme si quelqu'un y chuchotait, y versait quelque chose. Comme si l'on y écoulait un liquide chaleureux avec un *bec verseur*. Le bec verseur ! C'était mon père qui venait me parler ! C'était lui qui avait guidé ma main et écrit ces mots. Mon père était mort quelques années auparavant, et les dernières années de notre relation avaient été si dures. Depuis son divorce avec ma mère, il s'était tant renfermé, tant coupé du monde. Jamais je n'avais eu l'occasion de renouer avec lui. Pardon. L'effet de ce pardon et tous ces événements eurent sur moi des répercussions incroyables. Je ressentis un soulagement immense, une détente intérieure incroyable, la dissolution d'une angoisse vieille de plusieurs dizaines d'années. Quant au fameux « coup de pouce », je ne compris que quelques mois plus tard ce que mon père entendait par là.

L'APPEL FONDATEUR

Je ne pouvais plus en rester là. Il fallait agir. Mon cœur était partant et l'énergie au rendez-vous. Comme j'avais accompli l'essentiel de mon travail musical, je réfléchissais rapidement à ce que je pouvais et devais faire. Un ami me proposa d'occuper son studio à Paris pendant son absence prolongée. Il ne m'en fallut pas plus pour faire ma valise et partir m'installer dans la capitale. Un après-midi, alors que je faisais ma sieste coutumière, je me réveillai en entendant, au creux de mon oreille, une voix, douce et puissante à la fois. Je l'entendis distinctement, comme si elle était humaine, qui m'invitait à écouter et à comprendre. Je sentis dans cette voix l'amour le plus pur qui soit. Tel celui d'une mère pour son enfant, entier, plein, inconditionnel. Cette voix n'était pas venue à moi par hasard. Elle me dit : « Veux-tu parler de nous au plus grand nombre ? » Dans cette voix unique et multiple, je dirais presque « chorale », je perçus celle de ma mère. Je sortis faire quelques pas, histoire de m'ébrouer un peu, pensant que j'avais peut-être un peu trop dormi. Mais avec l'apparition de mon père quelques semaines plus tôt, pouvais-je croire à un hasard !

Je décidai enfin, après mon superbreak d'avec ma vie parisienne, de m'inscrire sur Facebook et de reprendre contact avec mes amis. « Je suis de retour ! » J'eus alors l'heureuse surprise de retrouver mon ami Franck, que je connais depuis vingt-cinq ans maintenant, et que j'avais perdu de vue. Sa photo de profil m'intriguait. Il était assis dans un studio d'enregistrement et semblait travailler avec un artiste. J'y vis un clin d'œil amusant à mon année passée dans l'univers musical. Aussi l'ai-je contacté, comme porté par une inspiration. Nous nous sommes retrouvés dans un café pour un petit déjeuner. Ce rendez-vous restera gravé à jamais dans ma mémoire. Après nous être longuement raconté nos années passées (il y avait beaucoup à en dire !), je me suis ouvert à Franck sur ce que j'avais ressenti, comme une invitation, une émotion intérieure d'une si grande douceur, à laquelle j'avais décidé de répondre d'un grand oui !

Je crois bien que le moment où mon ami Franck fut conquis est celui où je lui donnai des nouvelles de son grand-père, qui m'apparaissait rigolant dans un fauteuil roulant. Franck me confirma qu'en effet il s'était beaucoup occupé de lui et qu'il le promenait souvent dans son fauteuil roulant, lui racontant des blagues et le poussant sur les roues arrière. C'était saisissant de vérité. Franck décida alors de me donner les moyens de transmettre le message des âmes. C'est là la genèse de la série *Bruno – Un Nouveau Message*. Avec les outils d'aujourd'hui, en l'occurrence les réseaux sociaux et YouTube, avec des mots et des images simples issus de la vie de tous les jours, j'allais pouvoir montrer que l'existence, la mort et les afflictions, tout ce que l'on connaît, ont un sens dans notre réalité d'ici-bas. Qu'il est essentiel d'intégrer la conscience de la mort à notre vie, et de ne pas la craindre, de donner un sens à ce que nous considérons comme des épreuves, des deuils ou des séparations. Les messages que je transmets d'âme à âme encouragent à fuir l'idéologie ambiante du jeunisme et de la beauté apparente, du conformisme aussi, et de la compétitivité. En un mot, il s'agit *d'être animé.* D'avoir conscience de notre âme. De la laisser vivre comme on le fait face à la mer, en respirant l'air cristallin à plein poumon et ressentant une joie intense.

Durant la période de gestation de la série, j'ai réalisé que l'univers de la voyance et de la médiumnité avait besoin d'un grand nettoyage. Il y a parmi les médiums des personnes magnifiques, hautement engagées, qui font un travail remarquable. Médiums, énergéticiens, magnétiseurs, hypnothérapeutes : j'ai la chance de connaître des personnes qui ont un véritable don dédié aux autres, qui soulagent et libèrent les hommes de leur douleur. Toutefois, certains autres vivent encore dans la poussière du passé et entretiennent des peurs et des superstitions qui n'ont plus rien à faire dans notre monde. Je crois que nous avons le devoir de montrer un visage neuf de la médiumnité, un visage dégagé des oripeaux superstitieux, des vieux manoirs, des grimoires, de ces clichés qui rebutent tant de monde à notre époque. C'est dans cet esprit que je me suis engagé dans mon travail sur ma série et dans mes consultations. L'homme est né au monde nu, son âme s'incorpore nue, et c'est nue qu'elle retourne à la conscience ; c'est à la nudité première, avec des mots d'une absolue simplicité, que je cherche à ramener les personnes que je rencontre aujourd'hui.

De telles pensées n'auraient jamais pu naître sans une transformation personnelle. Si j'ai pu m'ouvrir aux âmes, entendre leur appel, c'est parce que j'avais travaillé sur moi-même, creusé mon propre sillon, fait le travail de nettoyage de mon âme en me recueillant toute une année dans la solitude. Ce travail, je ne l'ai pas fait seul. On n'est jamais seul. Il suffit d'écouter. Mais ce « il suffit » peut prendre une vie, et parfois ce n'est pas assez. Ce travail m'était indispensable pour nettoyer mes propres spectres, mes propres fantômes, mes « démons ». On ne fait pas ce métier avec de la tristesse plein le cœur, la nostalgie au creux du ventre. On ne fait pas, on ne doit pas faire ce métier pour compenser un manque, juste en se disant qu'on a cette brèche ouverte en soi et qu'il suffit de l'exploiter. On le fait, on doit le faire avec, au cœur, « une joie imprenable », comme dit l'auteure suisse Lyta Basset, avec un sentiment d'unité intense qui s'exalte tous les jours à l'intérieur de soi. J'ai fait le deuil de mes vies antérieures, non pas de celles que j'aurais vécues avant cette vie, mais de celles que j'ai traversées dans celle-ci et desquelles j'ai dû faire table rase. J'ai muté. Et je ne peux pas dire que mes parents, mes grands-parents, ou les amis qui ont quitté ce monde me manquent. Oui, comme tout un chacun, j'aimerais parfois les revoir, passer un peu de temps avec eux, leur passer un coup de fil, jouer encore le double concerto de Bach au piano avec ma grand-mère, comme avant. Mais rien n'est jamais comme avant, *car tout est en avant.*

Aujourd'hui, j'ai trouvé l'équilibre dans mon rythme de vie. Je m'efforce chaque jour de manger en conscience, sainement, je me couche assez tôt (j'ai besoin de huit heures de sommeil !), mais je ne me prive pas pour autant des plaisirs de la vie, loin de là ! Ce qui a changé, c'est que je suis connecté avec mes alliées, *à l'autre bout du fil.* Ce sentiment d'amour et de connexion ne me quitte plus désormais. Ce n'est plus une vague intuition, ou un simple ressenti, flou. C'est une certitude, un optimisme à partager. Ce sont les âmes qui me guident dans ma vie. Ce qui est paradoxal, d'ailleurs, car je ne fais jamais rien qui ne corresponde exactement à mon intime volonté, tout en sachant qu'il ne s'agit pas uniquement de ma propre volonté. Si je pouvais décrire ce que je ressens, ce serait comme cette sublime œuvre de Michel-Ange sur le plafond de la chapelle Sixtine, *La Création d'Adam*, ce doigt humain qui s'approche du doigt divin. La rencontre de deux volontés, de deux libertés.

On me demande régulièrement pourquoi les opinions des médiums sur l'après-vie sont si différentes. La raison est simple : nous avons tous nos propres filtres. Que l'on ait des guides, des mentors ou non, notre perception du monde reste parcellaire, humaine avant tout. Je suis nettement en faveur de l'idée qui veut que chaque homme soit « providentiel » : chacun d'entre nous a sa part à faire dans un contexte historique et géographique donné. Je n'aime pas le mot de mission, car il suppose une intention supérieure et préalable à notre rôle dans le monde. Je lui préfère l'idée de *rôle à jouer* ou d'*action à faire* : cela nous échappe la plupart du temps, mais il y a un temps pour tout, pour que toute personne se réalise et exprime ce pour quoi elle est entrée au monde. Les choses arrivent à nous et en nous lorsque l'on est mûr pour cela. Lorsque je me suis senti mûr, enfin, il m'a semblé naturel de retourner à mon ancien métier : cette fois-ci, c'était vraiment moi. Dès lors, grâce au concours de précieux amis, j'ai élaboré la dynamique d'une série dont je puis affirmer qu'elle est la première en son genre en France, une petite révolution.

Je dois dire que derrière l'apparente volonté d'aider, certainement la meilleure volonté du monde, parfois même derrière des dons exceptionnels, peut se cacher une blessure jamais soignée, jamais travaillée et une volonté inavouable de pouvoir. Un tel don est merveilleux et terrible à la fois. Si les écuries d'Augias n'ont pas été nettoyées, il peut se révéler dévastateur. J'ai rencontré quantité de personnes douées d'un don de perception, des voyants, des médiums qui n'avaient pas résolu l'énigme de leur vie et souffraient, car leur quotidien n'était pas ajusté. Ce don est extraordinaire, au sens premier du terme : il sort de l'ordinaire. Mais il m'a fallu de nombreuses années pour quitter le « pouvoir » et révéler la *puissance*. Ce type de dons est extrêmement dangereux s'il n'est pas orienté vers la lumière : il suscite tant de curiosité, il fait se sentir tellement différent, il joue tant sur le besoin universel de reconnaissance et, partant, il donne une forme de pouvoir qui peut s'emparer de l'esprit et du corps à la fois ! Voilà toutes les raisons qui m'ont empêché d'aller plus avant dans cette discipline – car il s'agit bien d'une discipline. Aujourd'hui, j'ai choisi de quitter la souffrance. Comme disait un grand maître autrefois : « Il faut tarir les sources d'amertume », se détourner de ce qui nous fait souffrir, de ce qui nous empêche de grandir. En un mot, *il faut choisir la lumière.*

Partie 2 : Il n'y a pas d'au-delà !

Pourquoi la mort ?

Il y a quelques années, j'étais parti en vacances à l'étranger chez des amis. C'était le soir, nous dînions de plats froids arrosés d'huile d'olive, et l'ombre du crépuscule s'étendait sur nous à mesure que le chant des grillons remplaçait celui des oiseaux. Il y avait de l'animation à notre joyeuse table. Mais soudain, le silence se fit. Et je ressentis une présence. La jeune fille au pair de mes hôtes, assise en face de moi, m'écoutait intriguée : je parlais de mes différentes expériences de médium. Je fus attiré, presque magnétiquement, par deux ombres qui m'apparaissaient au-dessus d'elle. Ces ombres me semblaient formées par la projection lumineuse des bougies, et l'une d'elles en particulier, qui planait au-dessus de la jeune femme, me faisait penser à une sorte de double, de sosie. C'est cela : l'ombre m'évoquait *son* double. Lorsque j'avisai la jeune femme de cette étrange ressemblance, elle avoua qu'elle avait eu, dans son enfance, une *sœur jumelle*. Je lui dis alors : « Votre sœur n'est-elle pas décédée subitement d'une maladie inconnue, alors qu'elle n'avait pas six ans ? » C'était vrai. Les jumelles avaient été séparées ainsi brutalement dans l'enfance et, depuis, celle que l'on considérait comme une rescapée avait toujours entretenu un profond sentiment de manque. Je vis alors que la deuxième ombre s'agitait à sa gauche, s'enroulant sur elle-même et se redéployant, comme si une seconde personne cherchait à se manifester. « Je crois bien que cette fois-ci, c'est votre père qui veut vous parler. » La jeune femme m'avoua qu'elle attendait secrètement sa venue. Mais contre toute attente, son père, la deuxième ombre du repas apparue, ne donna aucun message. Ce n'est pas si rare. Il arrive que certaines âmes, comme des étoiles filantes, se limitent à manifester leur présence sans s'exprimer davantage. Eh bien ? Elles se contentent de nous adresser un sourire ! Un sourire ne suffit-il pas ? C'est ce que je dis à cette jeune fille. Elle me répondit elle-même par un sourire. Sa sœur, dont l'âme voulait encore me parler, me montra alors du vernis à ongles, et pour me l'évoquer, elle en mit sur les ongles de mes mains et de mes pieds… Les âmes ne manquent pas d'humour, vraiment. Il m'est arrivé tant de fois d'être affublé de drôles de coiffures, de cheveux hirsutes, de coupes au carré ou au bol ; c'est amusant, quand on voit le peu de cheveux qu'il me reste sur la tête ! Un jour, on m'a même fait porter une perruque et des rouflaquettes… C'est que les âmes se servent d'images pour communiquer avec moi, elles m'habillent, me maquillent, me coiffent : ces accoutrements ont toujours pour but de passer un message. Dans le cas de notre ombre jumelle, ces traits d'esthétique étaient clairs : la jeune fille au pair, face à moi, avait l'ambition d'obtenir un diplôme d'esthéticienne et d'ouvrir un institut. Et qu'avait fait sa jumelle ? Elle m'avait peint les ongles pour le confirmer, pour l'encourager et lui dire qu'elle serait à ses côtés comme elle l'avait toujours été. La soirée se termina ici, sans autre message.

Trois jours après, nous venions de finir de dîner, la nuit venait de tomber, je ressentis l'envie soudaine de me baigner dans la piscine, dont l'eau calme et odorante luisait tout près de nous. Je nageai alors quelques brasses, on riait. Tout le monde s'était rassemblé autour de la piscine et me taquinait gentiment, se moquant de cette lubie. C'est là que je reconnus la présence du père de la jeune femme. Il semblait se trouver tout près de moi. Et cette fois, il avait des messages. Il me montra des images de chevaux, galopant en rond, comme dans un cirque. Cet homme était lié au cinéma ! La jeune fille me dit alors que son père avait été décorateur dans les studios de Ouarzazate, où se trouvait justement un centre équestre, où il aimait se retrouver seul. Mais la vision évolua et fut remplacée par une autre. Je vis une porte close, obstinément close, et j'eus soudain très froid. Le mot « accident » vint à mes lèvres. « Votre père était-il enfermé quelque part ? La porte ne s'ouvre pas, je suis coincé à l'intérieur. La serrure ne répond pas ! » C'était la panique. La jeune fille fondit en larmes, sans s'expliquer. Je me mis à avoir froid, horriblement froid dans le bas du corps, et très mal à la tête. Je sortis immédiatement de la piscine et la jeune fille, qui avait repris un peu de contenance, nous confia les faits : son père était mort dans sa salle de bains. Il était dans sa douche, quand une fuite de gaz avait envahi la maison, il avait essayé de sortir, mais la porte s'était mystérieusement coincée. Le gaz l'avait endormi, tout doucement, et il s'était tué en se cognant la tête sur la faïence du sol. Ce n'était donc pas un hasard si ce message m'était parvenu dans la piscine. L'émotion était à son comble. J'entrepris de rassurer la jeune femme : votre père, lui dis-je, est dégagé désormais de toute souffrance. Il est dans la conscience, et il se tient près de votre sœur jumelle. C'était leur message : ils vous embrassent de tout cœur et seront toute votre vie avec vous dans les joies comme dans les épreuves.

Pourquoi la mort existe-t-elle ? Pourquoi meurt-on ? C'est la question la plus ancienne et la plus répandue de l'humanité, et c'est celle qu'on m'a le plus posée durant mes années de pratique. La mort nous fascine autant qu'elle nous effraie. Elle nous questionne sur le sens de l'existence. Car, pourquoi vivons-nous si c'est pour mourir un jour ? Derrière chaque interrogation de l'être humain sur la mort se cache une angoisse sourde sur le sens de la vie. Et pourtant, nous n'avons pas tous à l'esprit ce genre de discours ; l'existence passe, souvent trop vite. La plupart d'entre nous vivent leur vie du mieux qu'ils peuvent, en s'abstenant d'y penser trop, cherchant leur part de bonheur, avec plus ou moins de succès. Cependant, les afflictions et les deuils nous ramènent invariablement à ces interrogations, et nombreux sont ceux qui, endeuillés, me consultent à la recherche d'un sens nouveau. La vie nous renvoie de force à la mort.

Je suis intimement persuadé que notre opinion profonde à ce sujet détermine la qualité de notre vie. Les crimes, tout comme les banales blessures que l'on s'inflige dans la vie quotidienne, sont des expressions de notre rapport intime à la vie et la mort, de notre façon de les concevoir. Tout est une question de filtre. Car si nous savions parfaitement ce qui se trame après la mort, nous n'aurions pas le même comportement envers les autres ni envers nous-mêmes. Le problème, c'est que nous ne le savons pas, ou trop peu. Lorsque nous nous en prenons à nous-mêmes, par manie, par tristesse, par culpabilité, nous exprimons ce qui bute en nous devant l'inéluctable échéance de la mort : quoi que nous fassions, nous mourrons tous un jour. Peut-être que, si nous savions ce qui se trouve *derrière le rideau*, l'égoïsme, la méchanceté et la rage disparaîtraient. D'une certaine manière et avec les moyens dont je dispose, mon travail propose de lever ce rideau et de montrer que la mort conduit à la lumière.

Tous les récits de personnes qui ont fait une expérience de mort imminente (EMI en français ; « NDE » en anglais, pour *Near Death Experience*) convergent vers cette *seule* vérité : il n'y a aucune raison de craindre la mort. Il y a une vie *après*, et cette nouvelle vie se situe quelque part dans la lumière, d'une manière qui dépasse notre entendement. Non seulement cette vérité nous rassure, mais elle nous rend davantage responsables de nous-mêmes et des autres car, dans ce monde qu'on appelle l'au-delà, nous savons désormais que les relations perdurent, que rien ne s'arrête vraiment. Même pour les plus sceptiques, l'expérience de mort imminente, si elle ne nous renseigne pas indubitablement sur l'après-vie, nous indique ce que nous sommes en droit d'imaginer. Il s'agit de percevoir avec son âme les indices que la vie dissémine un peu partout dans notre quotidien. Et pour qui sait ouvrir les yeux, la mort ne cache que de la lumière et de la joie.

C'est pourquoi je n'aime pas parler « d'au-delà » ou de « vie après la mort ». Je préfère parler *d'une vie après la vie*. Dire « au-delà » pour désigner cette vie nouvelle revient à entretenir un halo de mystère, une fascination, un peu morbide parfois, pour un devenir incertain. Je crois que l'au-delà n'existe pas comme nous l'entendons, c'est-à-dire comme un endroit qui se situerait immuablement *après* la frontière de la mort. Nous devrions plutôt parler « d'au-delà de nous-mêmes », par référence à cette expression, « regarder au-delà » des frontières, de ce qu'on voit, de ce qu'on croit. La vie après la vie nous force à regarder au-delà de nous, de notre expérience, de notre présence, de notre connaissance. Même si, pour des raisons de vocabulaire et de commodité, je serai parfois amené à employer les termes d'au-delà, de défunt ou de mort, je tiens à l'affirmer une fois pour toutes : il n'y a pas d'au-delà, à part en nous-mêmes ! Il n'y a que de la vie.

Voilà quelques mois, j'ai reçu un homme, Éric, qui était littéralement terrorisé à l'idée de me rencontrer. Il avait pourtant accompli toute la démarche, ce dont je le félicitai. Sceptique en apparence, il ne demandait en fait qu'à croire. Il lui fallait quelques preuves solides d'une vie après la vie. Comme on le sait peut-être après avoir visionné mes vidéos, je ne demande aucune information sur les personnes décédées. Les messages que je reçois sont vierges de toute interférence, du type : « C'est à ma mère, à mon père, à ma sœur, que je voudrais parler. » Personne ne me dit de telles choses. Et moi-même, je ne suis pas vraiment maître des opérations ; il s'agit davantage d'un échange naturel avec les âmes que d'une convocation. Ainsi, à peine est-il installé que je dis à Éric que sa mère se trouve tout près de lui, assise en face de moi, et qu'elle assiste à la séance. Une impression étrange, en moi, devient peu à peu persistante : c'est pour son fils que cette femme vient me parler et pourtant, elle semble assister à la séance comme si elle était venue me rencontrer avec lui. Ou plutôt, comme si elle était encore de ce monde. Je m'en ouvre à Éric, qui m'avoue qu'il l'attendait et qu'il est venu spécialement pour cela. La mère se met alors à décrire précisément la tenue vestimentaire qu'elle portait lors d'un certain rendez-vous chez le médecin, où elle et son fils étaient allés ensemble. C'est le jour où, assis côte à côte devant le docteur, ils avaient appris la maladie de sa maman. Or elle vient, aujourd'hui, nous visiter dans la même tenue. Éric me confirme point par point ce que je lui transmets. Ensuite, je lui fournis quelques précisions sur les derniers instants qu'il a vécus auprès d'elle à l'hôpital, moments d'une grande intensité où ils ont échangé leur dernier au revoir. Éric valide ces éléments. Il est heureux et retrouve confiance. Et, tandis que je poursuis la séance, je m'exclame, au nom de sa mère : « Il n'y a pas d'au-delà ! L'au-delà n'existe pas ! »

Sa mère insiste : il n'y a pas d'au-delà ! Étant donné que je ne parviens pas à comprendre le sens de ce message, j'interroge mon client. Éric m'avoue que depuis la mort de sa mère, il la cherche « dans les limbes », sorte de monde intermédiaire où, grâce à la force du lien qui les unissait, ils auraient après la mort l'occasion de s'attendre l'un l'autre. Éric en est persuadé. C'est une façon pour lui de ne pas lâcher sa mère, de garder toujours son image avec lui, près de lui. Seulement, ce comportement est morbide et délétère, même s'il peut faire parfois du bien ! L'unique manière, pour lui, de réagir à la perte de sa mère, de faire son deuil et de se remettre à vivre, est néfaste et l'empêche de se sentir libre et heureux. C'est pourquoi sa mère vient lui dire qu'elle est bien là, avec lui, *mais pas à l'endroit où il la cherche.* Le message qu'elle lui transmet, et qui n'est pas unique en son genre, est qu'il n'y a pas d'au-delà, du moins pas dans le sens qu'on pourrait attendre de ce terme. L'exemple est typique, et frappant : souvent, les âmes me recommandent de le faire circuler. Inutile de chercher l'au-delà ! Il n'y a pas de monde ou d'univers à chercher à l'extérieur. Il n'y a pas de réponse à trouver *en dehors de soi.* Tout est *au-dedans.* C'est au-dedans de nous que nous pouvons, comme Éric avec sa mère, retrouver nos proches. Éric est reparti calme et rassuré. Il sait à présent que sa maman l'accompagne ici, dans son quotidien, et non dans un au-delà fantasmatique.

L'AU-DEDANS DE NOUS

Ce n'est qu'à l'intérieur de nous-mêmes que nous pouvons découvrir le secret de cette *fausse séparation* que constitue la mort. L'intuition ou le sixième sens, la voyance ou la médiumnité, toutes ces pratiques participent de la même réalité. Il s'agit en fait de l'*au-dedans* de nous. Si je devais le définir, l'au-dedans de nous serait ce mouvement de retour à l'intérieur de soi-même dans le but de découvrir, ou plutôt de retrouver le sens profond de l'existence et de l'univers. Je dis bien « retrouver », car je suis persuadé que nous avons la connaissance innée de ces vérités. L'au-dedans de nous, c'est un concept et une pratique qui peuvent relier de manière cohérente toutes les expériences magiques, toutes les religions, toutes les sagesses du monde. La chrétienté, le bouddhisme, l'hindouisme, les rites amérindiens, le judaïsme, l'islam, toutes les pratiques que nous appelons « religions » préconisent la même dynamique : un mouvement de réintégration de soi, une recherche, à l'intérieur de nous-mêmes, de la réalité profonde de ce qui nous paraît extérieur, mais ne l'est qu'en apparence. Tous les mystères de la vie et de la mort peuvent être élucidés par une plongée à l'intérieur de notre âme. Toutes ces vérités existent déjà au-dedans de nous.

Si chacun de nous se trouvait en plein centre de lui-même, en pleine harmonie, ouvert aux messages que le monde envoie à chaque instant, il comprendrait que toutes les énigmes de la vie, qui nous semblent hermétiques ou absurdes, ont en réalité un sens profond. Car il y a tant d'énigmes ! Tant de chocs ! De faits divers ! Pourquoi un jeune, plein de promesses, venant de se mettre en couple ou de se marier, faisant des études supérieures brillantes et entrant à peine dans les délices de la vie, est-il fauché par la mort ? Pourquoi mon enfant choyé est-il contre toute logique frappé par la maladie ? Pourquoi mon père est-il mort dans la fleur de l'âge ? Pourquoi lui et pas un autre ? Pourquoi moi ? La mort provoque la stupeur. La mort reste un mystère et la clé qui permettrait d'entrevoir le sens de ces événements nous échappe. Mais le mystère ne serait pas à ce point verrouillé si, au lieu d'interroger l'extérieur et l'univers, nous nous posions la question à nous-mêmes, au-dedans de notre âme.

Parfois, les âmes disent pourquoi elles sont parties, mais la plupart du temps, non. Elles préfèrent de loin expliquer qu'elles assument avec plénitude leur départ. C'est le cas des personnes suicidées, qui invariablement me disent que, désormais, elles sont dans la lumière et la paix, mais c'est aussi valable pour toutes les autres. *Si elles assument leur départ, c'est qu'elles souhaitent que nous acceptions nous-mêmes leur mort, non pas comme une fatalité, mais comme une décision, sur le plan ultime, de leur être* : comprendre cela, c'est vraiment faire son travail de deuil. Ce qu'il y a de plus surprenant avec les personnes suicidées, c'est qu'elles me confirment toujours que leur âme avait des raisons intimes, cohérentes, de partir, que le moment était venu comme une certitude, et que leur mort n'est pas plus terrible ou affreuse que celle de n'importe quel autre. Comme l'âme d'un malade, d'un accidenté, ou d'un être qui s'éteint paisiblement dans son sommeil, celle des personnes suicidées quitte ce monde au moment où elle le choisit. C'est la première chose qu'il s'agit de comprendre : dans la mort, pas de fatalité ni d'inégalité.

Nous sommes tous égaux à ce niveau et, au regard de l'éternité, la durée de l'existence sur Terre ne compte pas.

C'est sur ces deux idées – qu'il n'y a pas d'au-delà et qu'il n'existe qu'un au-dedans de nous – que se fonde tout mon travail. Ces deux principes m'ont guidé dans tout mon cheminement intérieur et ont engendré un très grand nombre d'autres idées qui font partie intégrante de mon action quotidienne et qui la définissent. Je vous propose à présent un grand voyage du côté des âmes, à travers le temps, l'espace et l'univers. Vous allez découvrir que tous les êtres vivants sont liés, que tout ce que nous percevons est avant tout *conscience*, et que la mort n'existe pas réellement, ni pour les vivants ni pour les âmes.

Le temps et l'espace sont relatifs

Plus nous les étudions, plus nous nous apercevons que le temps et l'espace sont des notions relatives. Déjà, le temps et l'espace n'existent que dans une certaine dimension. J'ai suivi avec énormément d'intérêt le parcours de Thomas Pesquet, ce célèbre astronaute français qui a passé six mois dans la station spatiale internationale en 2017. Cette navette file à 28 000 km/h à une distance de la Terre de plus ou moins 400 kilomètres… De quoi donner le vertige ! Chacun de nous a pu voir, sur les réseaux sociaux ou à la télévision, les extraordinaires photographies que Thomas Pesquet nous envoyait depuis l'espace. Paris la nuit, Ville lumière par excellence, la formation des ouragans, le flanc des volcans qui fument, les ports, les déserts et les mers, depuis l'espace, tout ce qui nous paraît immense pourrait tenir dans notre main. Je me souviens d'une interview où Thomas Pesquet précisait qu'il faisait le tour complet de la Terre en seulement 90 minutes ! Si l'on compare, sommairement, avec un tour du monde en avion, environ 58 heures, ou à pied, près de cinq ans, on réalise que finalement même les distances sont relatives et dépendent de la vitesse de notre déplacement. Le temps et l'espace sont intrinsèquement liés et nous apparaissent avant tout à travers les limites de nos sens. Il ne faut jamais prendre notre perception du temps et de l'espace comme une mesure objective. Tout est vécu, tout est compté en fonction de notre dimension à nous, et nous oublions toujours que le temps que nous percevons est adapté à notre taille humaine, de même que notre espace. Qui plus est, notre rapport au temps lui aussi est tout à fait relatif ! Par exemple, lorsque je dis à quelqu'un que j'ai fait cinq ans d'études, il est vrai que cinq années se sont écoulées dans notre temporalité humaine. Mais quand je le raconte à un ami, cela ne me prend que quelques secondes. Le rapport au temps serait alors de quelques secondes pour cinq ans, d'une phrase pour une vie. Mais il en va bien autrement pour les âmes de ceux qui sont passés ! Il y a quelque chose de vertigineux dans cette connexion entre les mondes, c'est l'aptitude que possèdent les âmes à traverser les trois dimensions pour se manifester à nous.

Un exemple typique est celui de Lucie et de son énigmatique chiffre 7. Le papa de Lucie était décédé bien avant que Lucie et moi ne nous rencontrions. À la suite de ce décès, le mari de Lucie a fait un rêve dans lequel le père de sa femme lui chuchotait : « Souviens-toi du chiffre 7. » Sur le moment, aucun des deux époux n'a compris ce que cela signifiait. Lorsque Lucie est venue me voir, je lui ai dit que son père me parlait du « chiffre 7 ». C'est alors que j'ai compris : en réalité, ce chiffre 7 n'avait pas de signification particulière. Le papa de Lucie avait traversé le temps et l'espace pour annoncer à sa fille qu'il viendrait lui parler, ce qu'elle a pu faire par mon intermédiaire, des années après le rêve. Le chiffre 7 se révélait être une sorte de sésame déposé au même instant à deux points différents du temps et de l'espace : le temps et l'espace du rêve et le temps et l'espace de la consultation. Mieux, le 7 était un mot de passe par lequel le père pouvait aisément valider le rêve de son gendre. Il avait littéralement déposé cette information à la fois dans le rêve de son gendre, et le rappel par ma voix eut un sens profond pour Lucie. C'est si fou ! Cela me donne le vertige lorsque je prends conscience à quel point les âmes parviennent ainsi à transcender les dimensions pour venir à nous. Elles font tout avec tant de délicatesse ! Un rêve, un chiffre, une parole qui prend tout son sens des mois plus tard… On peut parler d'une quatrième dimension !

Je ne suis même pas sûr que Lucie et moi ayons pris à ce moment la pleine mesure de cette intervention. Ce n'est qu'en rentrant chez moi, le soir, que j'ai véritablement saisi la portée de cette visite. Oui, les âmes, pour nous parler, inscrivent leur message dans *notre* temps et dans *notre* espace, qui ne sont plus les leurs ; et elles le font en nous laissant toujours le *choix de voir*, le choix de croire. Lucie aurait bien pu oublier ce chiffre 7 ou ne pas croire à ma parole. Le message de son père ne la forçait pas à y croire. En fait, tous les messages réclament en premier lieu que notre esprit soit ouvert. Et, une fois que nous nous permettons de voir, quelle surprise ! Je ne compte plus ce genre de procédés incroyables par lesquels les âmes communiquent avec nous et qui me laissent chaque fois sans voix, comme au premier jour. Vous aussi, vous pouvez faire le choix d'ouvrir votre âme et de voir, car les signes sont bel et bien partout pour qui les repère.

Toutes ces choses sont très bien restituées dans le film *Interstellar*, réalisé en 2014 par Christopher Nolan. Dans un avenir apocalyptique où la Terre ne peut plus nourrir la totalité de ses habitants, un ancien membre de la Nasa, Cooper, s'en va aider une équipe d'astronautes à rechercher, dans un autre système solaire, une planète habitable pour les humains. Au cours de ce périple interstellaire, Cooper va devoir affronter la traversée d'un trou de ver (un raccourci de l'espace-temps), mais aussi la remontée dans le temps. J'emprunte la suite au site Internet Kombini : « À la fin d'*Interstellar*, Cooper, enfermé dans un espace en cinq dimensions construit par des êtres futuristes au sein même du trou noir Gargantua, réussit à transmettre à sa fille, Murphy, devenue adulte, les données quantiques de l'équation qui permet de manipuler la gravité. Le tout grâce à l'utilisation du morse comme moyen de communication, en faisant bouger l'aiguille de la montre qu'il lui a offerte en cadeau d'adieu. » Depuis sa dimension, notre héros assiste à la scène qui s'est déroulée une trentaine d'années plus tôt, quand il faisait ses adieux à sa fille, mais, de là où il se trouve, il ne parvient pas à la contacter aujourd'hui. Il utilise donc les aiguilles de sa montre pour lui parler. Belle métaphore que ce « mur de verre » qui nous sépare en apparence, comme ce héros, de nos proches disparus. À la fin du film, Cooper s'aperçoit que la chambre aux cinq dimensions avait été placée dans ce trou noir par les êtres humains du futur, afin de permettre à l'humanité d'être sauvée et donc d'assurer sa propre existence. La boucle temporelle est bouclée. Ce film m'a absolument bouleversé, tant les métaphores qu'il développe dépassent l'entendement humain. Cette aiguille de la montre, qui émet pendant quarante ans la même formule en morse, si discrète, c'est un peu le chiffre 7 de Lucie et de son père. Je crois qu'il faut imaginer les âmes ainsi, dans une dimension supérieure, capables d'intervenir à n'importe quel moment par des signes subtils en n'influant sur notre vie que dans des détails souvent décisifs, mais nous laissant toujours le choix de voir ou d'ignorer leurs interventions. Tout dépend de notre libre arbitre !

J'ai reçu tout récemment à mon cabinet une femme qui avait pris rendez-vous trois mois auparavant car elle voulait parler à sa grand-mère, qu'elle considérait comme sa deuxième maman, alors que la première (la vraie, si l'on veut) était au moment de son appel encore en vie, mais dans le coma. Et quelle surprise ! Le jour de la séance, sa grand-mère est effectivement venue me parler, mais accompagnée de la maman, sa fille, décédée un mois plus tôt. C'était vraiment comme si la mère de ma cliente avait su alors, quand ma cliente m'avait appelé, qu'elle pourrait ce jour-là venir parler à sa fille. Comme si elle lui avait donné elle-même ce rendez-vous. Cette rencontre n'a-t-elle pas, là encore, brisé toutes les barrières apparentes du temps ? Les âmes avaient si bien millimétré les choses que ma cliente a pu, le jour de notre entretien, parler à la fois à sa grand-mère et à sa mère.

Ce type de rendez-vous, je le crois, n'est même pas limité à nos chers disparus. Et pour vous le montrer, laissez-moi vous raconter une petite anecdote. Un psychanalyste de mes amis avait exercé pendant un certain temps dans le service de soins palliatifs d'un hôpital parisien. Il suivait de près, parmi d'autres, un monsieur d'un âge avancé, à qui il rendait visite chaque semaine à jour et heure fixes. Un jour, mon ami fut averti par une infirmière que la séance prochaine n'aurait peut-être pas lieu, car l'état du patient s'était dégradé : son décès pouvait survenir d'un moment à l'autre. Pourtant, mon ami décida de maintenir son rendez-vous et, contre toute attente, son patient était toujours là et réussit à l'accueillir. Oh, bien entendu, ils ne se dirent pas grand-chose, mais il y eut de nombreux regards échangés, de ceux qui disent plus que des mots. Quelques heures plus tard, le patient s'en allait, libéré. Là encore, mon ami avait senti, en écoutant son âme, que le patient réclamait sa présence pour pouvoir partir en paix. Je suis persuadé que cet échange de regards, qui a tant bouleversé mon ami, fut d'une importance décisive dans le soulagement du patient. Il se passe tant de choses magnifiques en soins palliatifs ! Il y a tellement de vie, presque un concentré de vie… En vérité, ce que nous appelons « vie » n'en a bien souvent que le nom. Ne sont-ce pas des moments essentiels comme ceux-là, ceux qui se passent dans le coma ou dans un centre de soins, qui nous montrent à quel point les relations humaines défient toute notion de temps et d'espace ?

C'est maintenant, devant de tels phénomènes qui nous paraissent inexplicables mais si beaux, qu'il me faut m'arrêter un instant et vous expliquer une des grandes distinctions qui ont nourri ma pensée : la différence entre le *temps chronologique* et le *temps biologique*. Nous avons tous ce réflexe de considérer le temps selon un ordre chronologique : d'abord vient à notre esprit le passé, puis le présent, enfin l'avenir. C'est que toute notre vie est régie selon ces trois repères temporels. Nous gardons des souvenirs, physiques ou psychologiques de ce qui nous est arrivé, nous stockons des archives de papiers administratifs, nous commémorons des anniversaires : ce passé-là est bien concret. Pourtant, tout notre passé vit également dans le présent, par exemple chaque fois que nous pensons à un événement de notre vie. C'est dans le présent que nous pensons. Voici un petit extrait d'une interview qu'a donnée le neuropsychologue Francis Eustache au journal *L 1*, en juillet 2017 : « On associe toujours la mémoire au passé. Mais la mémoire, c'est aussi le moment présent – la gestion de l'activité en cours et le futur : sans elle, pas de prospective. Même sans programme précis pour le week-end [...], nous voyons les scènes futures (j'irai au marché, je ferai du sport, etc.). La mémoire du futur a bien été validée par l'imagerie cérébrale. Quand on demande à des personnes d'évoquer des souvenirs du passé ou de se projeter dans l'avenir, on constate que les mêmes zones cérébrales sont activées. » Dans notre esprit, dans notre mémoire, coexistent à la fois le passé, le présent et le futur. En réalité, on ne peut, dans le présent, imaginer l'avenir qu'en fonction des événements passés : la science le prouve. L'avenir a donc lui aussi des repères en nous : qu'il s'agisse de dates à venir qui reviennent à heures fixes, de fêtes, de projets de vacances, d'échéances...

L'avenir a une influence sur le présent. Je dirais même que le présent est comme coincé entre ses deux compères, le passé et l'avenir. Et il a bien du mal, dans ce temps chronologique propre à nos sociétés et à notre mémoire, à se faire une place ! Car à quel moment prenons-nous vraiment le temps de vivre ce fameux moment présent ?

Un de mes clients, originaire du Congo, m'a même appris un jour que dans le dialecte lingala, le mot *lobi* désigne aussi bien le *passé* que le *futur* : tout dépend de l'emploi qu'on en fait. Ces trois temps ne sont pas aussi figés que nous voulons bien nous les représenter. Notre manière de penser et notre société nous donnent l'illusion d'une partition objective entre passé, présent et futur, mais en réalité, *le temps est avant tout une affaire d'expérience.* C'est le temps vécu qui influence vraiment notre vie. Il s'agit bien d'expérience personnelle. Carlo Rovelli, physicien spécialisé en gravité quantique et historien des sciences, a écrit un petit ouvrage plein de poésie sur la nature du temps en particulier, et de la physique quantique en général. Et lui-même nous le dit : « Il n'y a pas un temps physique, car chaque objet possède son temps propre. C'est-à-dire que chaque objet décrit une trajectoire dans l'espace-temps. Et c'est la géométrie de cet espace qui définit son temps propre[1]. » On pourrait dire que c'est notre géométrie personnelle, notre configuration en quelque sorte, qui définit notre rapport au temps. Même si nous vivons très souvent dans l'idée d'un temps chronologique, nous avons chacun un rapport particulier au temps qui est le résultat de notre expérience et représente notre être individuel. Qui n'a jamais connu quelqu'un ne voyant dans son futur que la répétition inlassable et identique de son passé ? Les exemples abondent !

Mais il existe un autre type de temps auquel nous ne pensons pas assez. C'est *le temps biologique*. Celui-ci fonctionne différemment : d'abord le présent, ensuite le passé et enfin le futur. Avec lui, toute la mécanique habituelle est renversée. On pourrait illustrer le temps biologique à l'aide de l'exemple suivant. Vous recevez chez vous un bon ami qui vient de loin. Au moment d'ouvrir la porte, ne lui dites-vous pas : « Bonjour ! Comment vas-tu (présent) ? As-tu fait bonne route (passé) ? Tu prendras bien quelque chose à boire (futur) ? » Ce futur-là, dont nous parlons, est à la limite du présent, c'est un présent « progressif ». C'est le temps biologique, qui est en fait notre manière naturelle de fonctionner, lorsque nous vivons n'importe

1. *Sept brèves leçons de physique*, Odile Jacob, 2014.

quel événement dans le présent. On pourrait même dire que le passé et le futur n'existent pas vraiment ! Car tout ce que nous racontons comme faits ou événements passés est toujours relaté dans le présent, et tout ce que nous prévoyons est imaginé aussi avec notre esprit d'aujourd'hui. Il pourrait bien n'y avoir qu'un présent éternel, en fin de compte. Vous le constatez ainsi aisément : tout notre rapport au temps est relatif. Einstein ne disait-il pas lui-même : « Les gens comme nous, qui croient en la physique, savent que la distinction entre passé, présent et futur n'est qu'une illusion obstinément persistante. » ?

Et, dans tout cela, il est clair que l'éternité n'est aucunement un temps sans fin : l'éternité, c'est *la fin des temps*. Le temps dans l'éternité est aboli. Et c'est bien un présent infini, qui contient tout le passé et tout le futur, qu'il faut s'imaginer pour se représenter l'éternité. Un présent qui ne passe même plus, qui ne s'écoule plus, un état de conscience absolue où l'idée de seconde, de minute, d'heure ou d'année n'a plus aucun sens, pas plus d'ailleurs que la jeunesse, la vieillesse ou la mort. Dans le temps non plus, il n'y a pas d'au-delà. Le temps n'existe plus pour les âmes.

Et l'espace alors ?

De même que pour le temps, notre rapport à l'espace est, comme je le disais, très relatif. Il dépend d'abord de notre taille : chacun sait que plus on est grand, plus l'espace est perçu comme petit. Une fourmi ressentira l'espace d'une manière toute différente de la nôtre ! Et pourtant, de son point de vue de fourmi, cette perception, c'est la norme, de même qu'en tant qu'être humain, nous percevons le monde à notre échelle. D'ailleurs, le temps d'une fourmi doit lui aussi être totalement différent ! Là où il nous faudra une simple minute pour aller d'un endroit à un autre, la fourmi comptera dans son temps une heure, voire un jour ! Sans nous en rendre compte, nous comptons le temps en fonction de l'espace. En nous, temps et espace sont intrinsèquement liés. On calcule toujours le temps pour se rendre d'un endroit à l'autre. Les Parisiens en savent quelque chose !

Mais ce que les âmes me répètent, c'est qu'on a tendance, nous autres vivants, à projeter sur le monde des âmes notre temps et notre espace humains dans lesquels évoluent nos corps, alors que la dimension des âmes n'a rien à voir avec la nôtre. L'espace et le temps se désintègrent à la mort ! Le monde des âmes n'est en rien une copie de notre temps et de notre espace. Voilà la façon dont il faudrait appréhender la chose : il ne s'agit pas de dire qu'ils ne sont *plus là*, mais qu'ils sont *ailleurs*. C'est pour cela que je ne dis jamais que quelqu'un est absent, mais plutôt qu'il est *présent ailleurs*. On peut considérer, comme dans le film *Interstellar*, qu'une personne passée dans l'autre monde n'a pas disparu, mais qu'elle se trouve tout simplement dans une autre dimension, ou dans la pièce à côté. Exemple tiré de la vie quotidienne : quand votre père est à l'étage et que vous vous trouvez au rez-de-chaussée, vous ne dites pas qu'il est absent. Le fait qu'une personne ne soit pas où vous êtes ne signifie pas qu'elle n'existe pas ailleurs, en un autre endroit. Cela veut dire que nous ne pouvons pas communiquer face à face avec la personne, mais elle existe bel et bien ! Et c'est pareil pour le sentiment de séparation d'avec nos proches disparus. Nos proches *existent ailleurs*, mais nous ne pouvons pas communiquer avec eux, nous ne pouvons plus partager le même espace qu'eux. Ainsi, en plus d'être relatif et subjectif, l'espace reste dépendant du temps, et je suis persuadé que les âmes sont toujours près de nous. Encore une fois, même dans l'espace, il n'y a pas d'au-delà !

Mais où sont les âmes, alors ? Très souvent, on me le demande. Et la plupart du temps, cette question est suivie par une autre : « Mais que font-elles ? » Si elles sont quelque part, et si elles font quelque chose, c'est que les âmes sont forcément inscrites dans un temps et un espace. Ce que je constate très souvent, c'est que nous avons infiniment besoin de situer nos défunts dans un temps et un espace que nous pouvons concevoir. Et lorsque je réponds que, si j'en crois les messages qui m'arrivent de là-haut, les âmes sont en dehors de tout temps et de tout espace, on ne parvient généralement pas à me comprendre.

Déjà, imaginez-vous qu'elles ne sont nulle part comme nous pouvons être chez nous, au café, en Angleterre ou à la montagne. Elles ne sont nulle part car elles ne se trouvent pas à un endroit précis de l'espace. Ensuite, imaginez-vous que les âmes sont *partout à la fois*, que chacune d'elles s'est confondue au grand tout qu'est la conscience pure. L'âme de nos défunts est présente en toute chose et dans tous les temps. En mourant, elle s'est étendue et a rejoint la totalité de l'univers, annulant par là même toute notion de temps et d'espace. Nous découvrons alors que les âmes sont à la fois *ici* et *là-bas*, à l'instar de ces minuscules entités matérielles que l'on nomme les « particules élémentaires ».

Lorsque les physiciens ont cherché à percer les secrets de la matière, ils l'ont décomposée en éléments de plus en plus petits afin d'y trouver la brique première, l'élément le plus fondamental. Seulement voilà. Une fois arrivé à un certain seuil, on a découvert que les particules élémentaires, disons les électrons, avaient la faculté soit de rester à l'état de particule (c'est-à-dire de matière), soit de *muter* vers l'état d'onde. On remarquera d'ailleurs que le mot *muter* a la même racine que *mourir*. Qu'est-ce que l'état d'onde ? La particularité de l'état ondulatoire, c'est qu'il n'est à aucun endroit spécifique et partout à la fois… On parle alors d'onde de probabilité. Ainsi, la matière, à son plus infime niveau, peut se trouver sous forme d'onde, de vibration, qui ne se situe plus à un point précis de l'espace mais à tous les points à la fois. La science joue ici à cache-cache avec nous. La science ?

Ou les phénomènes qu'elle tend à décrire ? Tout ce que la science la plus récente essaie de dire, c'est que l'espace dans sa réalité la plus profonde n'est en rien comparable à ce que nous voyons avec nos yeux et surtout notre mesure humaine. Il nous paraît déjà si difficile de concevoir que des ondes peuvent former la matière !

Des ondes… Pourquoi ne pourrait-on pas imaginer qu'une fois morts, nous devenons des ondes ? Que nous nous glissons dans l'état de vibration de l'infiniment petit, ou même de l'infiniment grand, qui se trouve partout à la fois, sur un mode d'existence radicalement différent du nôtre ? Que nous retournons à ces vibrations qui nous constituent et nous enveloppent en même temps ? Et si notre âme était une vibration particulière ? Nous laisserions, avec le corps, notre état de matière et notre âme s'en retournerait à son état naturel d'onde.

Plus je dialogue avec les âmes, plus je m'aperçois que cette métaphore de l'onde, pleine de poésie, est la plus adéquate pour se représenter l'état dans lequel se trouvent ceux qui sont passés. Quand nous mourons, nous mutons. Il faudrait imaginer que notre âme de vivant, ce souffle de vie qui est en nous, *perçoit* les vibrations du monde et que les âmes des gens qui sont morts *sont* ces vibrations. Les âmes ne sont pas visibles, elles ne prennent pas corps, non, elles ne sont que vibrations invisibles mais bien réelles, avec une influence sur la matière. Cette métaphore montre bien qu'il ne faut pas chercher les âmes avec nos yeux et nos sens humains, mais avec les yeux ou plutôt le sens de notre âme. Même si cette image n'est qu'une partie de la réponse, c'est la meilleure métaphore que j'ai trouvée pour les décrire, la plus proche de ce que les âmes pourraient vraiment être. Car le moyen de communiquer avec elles, je le crois, je l'ai vécu, c'est cet état vibratoire.

Voilà ce que je ressens lorsque je dialogue avec une âme. Les messages que je reçois prennent souvent la forme d'émotions qu'il me faut interpréter. Les émotions parviennent à moi doucement, par flux et reflux, comme lorsque le vent souffle à la surface de l'eau : de loin, de là où je suis, on ne voit pas les vagues, on ne voit que leur crête qui ondule. Ces émotions, ces vagues, ce sont les vibrations. J'ai toujours le sentiment, lorsque je dialogue avec les âmes, que ma vibration rencontre la leur, comme si nous étions connectés par wifi ou bluetooth. De mon côté, il y a une élévation, j'augmente mon état vibratoire pour elles ; de leur côté, elles descendent, elles abaissent leurs vibrations jusqu'à moi. Quand je me mets en connexion avec elles, c'est comme si je m'élevais légèrement du sol : je suis en bas et elles sont en haut, c'est ainsi que ma vision d'être humain les représente. Mais il n'y a pas vraiment de haut et de bas, il n'y a qu'une connexion entre deux dimensions ; mon âme cherche à atteindre la leur. Nous nous retrouvons ainsi dans une sorte d'antichambre, comme une connexion wifi sécurisée. Dans ce cadre-là, des gens, comme mon ami José, sécurisent la connexion et me permettent de demeurer dans un bon état vibratoire que les empreintes et les basses énergies ne troublent pas. J'ai de plus en plus le sentiment que ces vibrations, que je pensais être le média de communication des âmes, leur moyen de transcender l'espace, est en réalité leur état lui-même. Ces idées sont si complexes à énoncer ! Elles dépassent l'entendement ! L'espace que les âmes occupent et qu'une partie de nous occupe également, sur une réalité différente, est un espace de relation, ou plutôt, *une dimension de relation et d'amour.*

Il y a deux ou trois ans, j'écoutais une émission de radio passionnante qui relatait « les expériences Bell », du nom du physicien John Stuart Bell. J'ai retrouvé récemment cette même description dans l'ouvrage du biochimiste Lothar Schäfer, intitulé *Le Potentiel infini de l'univers quantique*[1] : « Lorsque deux particules interagissent, elles peuvent former une connexion particulière dans un état appelé état jumelé, à la façon des jumeaux. » Dans cet état de connexion, d'intimité, un observateur qui agirait sur l'une des particules jumelles influencerait « *instantanément l'autre, aussi éloignée soit-elle* ». Cet état jumelé me fait songer bien sûr aux jumeaux/jumelles et à leur connexion particulière, mais pas uniquement. Nous nous influençons sans cesse les uns les autres, vivants ici-bas ou vivants *ailleurs*. Je pense que l'âme de chacun de nous est connectée à toutes les autres ; ou plutôt, toutes les âmes sont une partie du tout que représente la conscience universelle. Nous nous connaissons déjà tous, et toutes les rencontres sont des retrouvailles. Les relations étroites, fusionnelles que nous entretenons parfois sont de cet ordre-là : un état jumelé encore plus fort. Pourquoi avons-nous le sentiment d'avoir toujours connu la personne qu'on aime ? Mieux, pourquoi parlons-nous d'âme sœur ? Qu'est-ce qui fait que nous avons si souvent l'impression de connaître un inconnu ? Voilà. On pourra me reprocher d'utiliser ces métaphores scientifiques, mais j'assume jusqu'au bout. Je crois qu'au

1. Chez Guy Trédaniel, 2014.

fil des découvertes, les communautés spirituelle et scientifique sont de moins en moins antagonistes. Je crois que les esprits s'ouvrent.

Un des meilleurs exemples est la publication d'un ouvrage édifiant : *Le Temps aboli*[1]. Ce livre, constitué d'une série d'entretiens entre le physicien de renom David Bohm et le philosophe indien Jiddu Krishnamurti, nous emmène très loin dans la pensée. Il nous révèle à quel point nos perceptions du temps et de l'espace, de notre monde fini, par conséquent de nos attentes personnelles et même de nos attachements, sont étroites, limitées, voire arbitraires ; mais loin de nous enfermer dans ce constat, ce livre nous *délivre* et nous rend un peu plus différents à chaque page. Il nous change. Derrière les apparences trompeuses, il y a une unité parfaite. David Bohm le dit lui-même : « Nous avons besoin d'être en contact avec l'unité et il y a un prix à payer lorsque ce besoin est négligé. » Je me plais parfois à imaginer que nos amis disparus se nichent dans les confins de cet univers invisible à l'œil nu, univers qui ne cesse d'échapper à notre raison, malgré les avancées formidables réalisées depuis le début du XXe siècle. Aujourd'hui plus que jamais, nous savons qu'il y a tant d'invisible qui reste à

---

1. Éditions du Rocher, 1989.

découvrir, que l'espace et le temps comme nous les concevons cachent tant de dimensions imperceptibles par nos sens, que si nous voulons les entrevoir, c'est avec notre âme et tout notre amour qu'il nous faut les chercher. Au-delà de nous-mêmes, au-dedans de nous-mêmes, il y a une unité parfaite qui vibre éternellement.

Nous sommes tous connectés

Selon moi, mais je ne suis pas le seul à le penser, loin de là, il y a un canevas général de l'univers. Ce canevas, si l'on voulait le décrire en termes compréhensibles, pourrait être représenté par une grande pièce de tissu. Lorsque cette pièce de tissu est étendue, il y a un envers et un endroit, il y a deux faces, comme une médaille, mais c'est toujours la même pièce, c'est toujours le même tissu. Ce tissu, c'est l'univers, qui est un et indivisible. On pourrait tout aussi bien imaginer que ce tissu a la forme d'une sphère, d'un beau globe de mailles : l'idée reste la même. De même que dans un corps humain, jambes et mains peuvent être indépendantes et se mouvoir seules, être blessées en tant que main ou en tant que jambe, de même chaque partie de l'univers est à la fois unique, indépendante, et reliée au tout. Il suffit de couper un doigt pour que tout le corps s'affole et que l'être entier ressente la douleur. C'est pareil pour l'univers : si l'on coupe, bouge ou altère une partie de la toile, ce tissu qui nous relie tous en est affecté et cela aura donc forcément des répercussions sur l'ensemble de l'univers, dans une plus ou moins grande mesure. La meilleure illustration d'une pareille idée, c'est bien entendu le fameux *effet papillon* : « Le battement d'ailes d'un papillon au Brésil peut-il provoquer une tornade au Texas ? » demandait le météorologue Edward Norton Lorenz. Sans aller jusqu'à un tel degré de causalité, auquel je ne crois pas tellement, le principe de l'effet papillon illustre bien l'idée que ni nos actions ni nos paroles ne se dissolvent dans l'air après avoir été accomplies ou prononcées et que même nos pensées les plus intimes peuvent avoir une influence sur le monde.

Si l'univers est un corps, dont toutes les parties sont liées et dépendantes, chaque position que vous prenez, chacune de vos décisions ou paroles, chacun de vos mouvements, actes et même votre humeur ont une influence sur l'ensemble de ce corps. Parfois, ce que nous appelons « destin » ne tient qu'à une succession de petits choix à l'encontre de nos intérêts, conduits par un mauvais caractère ou des tendances qui nous sont propres. Chacun sait à quel point un petit acte peut nous entraîner à commettre de grandes erreurs qui impliqueront, par effet boule de neige, de nombreuses personnes. Ce n'est jamais un hasard, car tout est lié dans le monde. Je reparlerai de cet effet boule de neige plus tard, à propos du karma.

Le physicien italien Carlo Rovelli, en évoquant la « théorie des boucles », précise : « L'espace physique n'est pas continu [...], il est formé de grains d'espace, des atomes d'espace. On les appelle boucles, ou anneaux, parce que chaque atome d'espace n'est pas isolé, mais relié à d'autres, formant un réseau de relations qui tisse la trame de l'espace quantique comme les anneaux de fer tissent une cotte de mailles [...]. Ces grains d'espace ne sont pas dans l'espace puisqu'ils constituent eux-mêmes l'espace. » Et si ce monde que le physicien décrit n'est que l'endroit du tissu, le monde des âmes en est l'envers. J'ai souvent besoin de me représenter l'interconnexion des deux mondes avec des images proprement humaines, j'ai besoin de les avoir sous les yeux. La réalité est sûrement toute différente et, qui sait, bien plus étonnante ! Mais c'est ainsi que les âmes me suggèrent les choses, car elles savent me parler dans une langue qui m'est familière : dans cette sphère de tissu, l'intérieur serait notre monde d'ici-bas et l'extérieur, l'envers, serait le monde de là-haut, celui des âmes. Dans cette pièce de tissu, chaque point de couture, chaque maille de l'espace possède deux faces, et c'est pourquoi le monde des vivants et celui des âmes sont en constante connexion.

Maintenant il nous faut dépasser un petit paradoxe qui pose les limites mêmes de notre entendement. Il nous faut imaginer que l'envers et l'endroit du tissu représentent non pas une mais *deux dimensions*. À l'intérieur, il y aurait le temps et l'espace qui sont les nôtres, notre dimension, celle que nous pouvons comprendre car nous la connaissons bien. Mais à l'extérieur du tissu, le temps et l'espace seraient abolis, ce serait un monde de pure conscience, où les mailles ne seraient même plus séparées comme nos corps peuvent l'être. De l'autre côté du vêtement, nous sommes *tous la même âme* : ma mère, moi, mon ami, ou un inconnu, nous sommes tous la même entité. Et dès lors, notre âme, à nous autres êtres vivants, se trouve à la fois à l'endroit et à l'envers du tissu, elle est sur les deux faces à la fois ! Ce que l'on appelle mourir n'est que le passage de notre âme dans la dimension de la conscience, là, dans l'endroit qui n'est que pure conscience et pure relation. C'est pour cette raison qu'il n'y a pas véritablement de rencontre : nous nous rencontrons bien dans un temps et un espace définis du tissu, mais par nos âmes, nous nous connaissons déjà de toute éternité. Nous faisons partie, avec notre âme, de la même conscience qui enveloppe et *est* en même temps ce tissu : l'univers !

Toutes les personnes qui, comme moi, parviennent à rentrer en relation avec les âmes depuis notre monde, savent traverser le tissu et percevoir, capter les vibrations de l'autre côté. Ce n'est qu'avec leur âme propre que de telles personnes se connectent et, en cela, elles font le même mouvement que les âmes déjà passées. Oui, lorsqu'une âme m'envoie un message, je me connecte à sa dimension et elle vibre dans la mienne. Mais tout cela n'a rien à voir avec notre temps et notre espace. Alors, on me dira avec raison : pourtant, Bruno, ceux qui ont vécu une expérience de mort imminente affirment avoir été approchés par des silhouettes familières, et sur ce point, tous les témoignages concordent. Un tel phénomène prouverait que nous gardons notre forme humaine dans l'autre monde. Mais là-dessus, la réponse me semble simple. Lorsque nous nous trouvons au seuil de la mort, lorsque la mort est *imminente*, nous ne sommes pas encore passés de l'autre côté, nous n'avons pas encore complètement abandonné notre corps pour rejoindre l'état de conscience pure et de lumière qu'est celui des âmes. Aussi, les âmes qui s'adressent alors à nous ont encore une forme compréhensible pour notre esprit vivant. Cette vision de silhouettes bienveillantes et de lumière est due à un état *transitoire*. Et prendre une forme humainement compréhensible est la seule manière que les âmes ont pour communiquer avec nous. Je ne prétends pas donner la réponse, c'est une vision des choses ; c'est comme cela que les choses se présentent à moi. Mais je suis persuadé qu'elles sont ainsi.

Le film *Contact* est l'histoire d'une astronome qui a perdu son père lorsqu'elle était encore une petite fille. Après des années de recherches scientifiques à l'écoute de l'univers, elle capte avec son équipe des signes d'intelligence extraterrestre, à vingt-six années-lumière de la Terre. Ce message va la conduire, via un vaisseau spatial puissant traversant de multiples vortex, jusqu'à son père. Se retrouvant sur une plage qui ressemble comme deux gouttes d'eau à celle de son enfance, elle distingue son père qui vient à sa rencontre. Il lui explique qu'il prend cette apparence et ce cadre pour se montrer à elle, car c'est seulement ainsi, sous cette forme, qu'elle peut le reconnaître avec ses yeux humains. Une perle de bon sens ! On est ici, je trouve, dans le même cadre que l'expérience de mort imminente, dans le même cas de figure que ces messages que les âmes nous envoient. Elles nous envoient des signes que nous pouvons comprendre ! Et la fin du film *Contact* a ceci de particulier qu'elle pourrait être lue comme une métaphore. Il est dit que ce défunt père réapparaissant provient d'une civilisation avancée encore incompréhensible aux humains… On pourrait dire qu'il provient d'un *état avancé de l'homme*, un état *progressé* de nous-mêmes. Et s'il venait en fait de cette partie de nous-mêmes qui a *muté*, c'est-à-dire qui est morte ? C'est un film très émouvant que je vois comme une métaphore approchant, certes de loin mais quand même, ce que les « morts » sont devenus. Ils ne sont pas dans le futur. Ils *sont* ce fameux présent, cette éternité, cette fin du temps et ils perçoivent tout ce qui se produit dans notre monde.

Toutes nos paroles, tous nos actes, toutes nos émotions ont des répercussions sur notre monde. C'est aussi vrai pour le monde des âmes. Toutes les vibrations de joie, de douleur, de remords, de colère, de pitié sont ressenties dans l'univers invisible. C'est un peu comme lorsque l'on tache un tissu : la marque affecte les deux côtés à la fois, car il n'y a pas de frontière imperméable entre l'envers et l'endroit du tissu. Par cette interconnexion vibratoire entre les deux mondes, les âmes ont une conscience globale. Elles peuvent sentir ce qui plombe un endroit du tissu, la douleur par exemple, mais elles sentent tout autant ce qui nous élève, comme la joie. Elles ont conscience qu'elles peuvent intervenir : elles ont *l'intention* d'aider.

Dans la mesure où les âmes sont dans un présent éternel, sans avant ni après, tout ce que je fais ici est perçu instantanément dans l'autre monde, qui est le même univers mais sur une face différente. Cependant, ce serait une erreur de croire que nos actions ici-bas bouleversent, blessent ou contrarient nos proches là-haut, car c'est encore une projection de nos idées humaines. Il n'y a que dans cette vie-ci que nous nous blessons les uns les autres, et j'irai même plus loin : lorsque je fais du bien ou du mal à une personne, c'est à moi-même que je le fais, c'est à moi ici et maintenant.

« Ce que vous ferez au plus petit d'entre les miens, c'est à moi que vous le ferez », dit Jésus… Cette sagesse vaut pour chacun. On peut dire que les âmes sont « nous » sur un plan plus progressé de nous-mêmes, dans une dimension avancée. Se demander à propos d'un défunt si, par exemple, « il est heureux de ce qu'on a fait de sa maison », ou « malheureux qu'on ait vendu ses bijoux », n'a pas de sens. Cela ne peine ni ne réjouit les âmes. En revanche, elles perçoivent tout, elles nous

« voient » sur le plan vibratoire. Elles savent que garder la maison, après leur mort, nous pèse ou nous remplit de joie. Les âmes sentent nos vibrations. Fleurir un cimetière ou embrasser une photographie est aussi une vibration émotionnelle qu'elles perçoivent. C'est le lieu ou l'objet chargé d'émotions qui va compter. Il ne faut pas avoir peur de leur faire du mal !

Je crois profondément que nous ne faisons du mal qu'à nous-mêmes. Dans l'autre monde, nous sommes la même personne. Il n'y a pas « d'au-delà », il n'y a pas d'après. Il n'y a qu'un *maintenant.* Notre âme est partout en nous, depuis toujours, c'est elle qui nous rend éternels. Notre corps et notre esprit sont *animés*, chacune de nos cellules, tous nos atomes sont *animés.* On sait aujourd'hui que le cœur possède aussi des cellules cérébrales. C'est « l'intelligence du cœur » : encore une fois, les études scientifiques rencontrent la spiritualité. Ces cellules cérébrales, on les retrouve également dans les intestins. Le célèbre professeur Joyeux parle lui-même de notre intestin comme d'un « deuxième cerveau » ! Qui voudrait nous faire croire encore que la qualité de notre nourriture ne détermine pas notre tempérament ou notre intelligence ? Rien que notre organisme, qui n'est pas si grand dans le monde, est déjà *un* monde : il est un ensemble d'interactions permanentes de facteurs infinis !

De même, nous sommes tous en interaction, tous solidaires, *en interconnexion.* Et cette interconnexion vaut aussi entre le monde des vivants et celui des âmes.

À la mort physique, on le sait, les cellules retournent à la terre, elles se transforment en poussière. Oui, le corps se désagrège, il retourne au grand tout, au monde qui l'a produit. Ses composantes ne disparaissent pas, elles se mêlent aux autres, nos petites poussières viennent nourrir d'autres organismes. Mais il ne s'agit pas pour nous du néant total et définitif, du « rien du tout » comme dit Annick de Souzenelle. Il s'agit d'une *terre intérieure.* C'est comme si l'univers se trouvait sans cesse riche de possibles sans cesse renouvelés. Le retour à la terre ne signifie par l'arrêt définitif, mais le *renouvellement* de tout notre être. Il y a d'abord le renouvellement de notre corps, qui se dissout et s'en va alimenter le monde, c'est un don ! Et il y a le renouvellement de notre âme, qui retourne à la conscience. Pendant notre vie, notre âme ne cesse jamais d'être connectée à l'autre monde, jamais le lien ne se coupe totalement. Elle est toujours en attente d'une connexion plus forte, et c'est ce que la mort nous offre. Au moment de la mort, le corps est rendu à la terre. Le noyau a éclaté, ceux qui sont partis redeviennent lumière, il n'y a plus que *lumière.*

La mort n'existe pas

La mort est la plus grande illusion pour l'être humain. Elle est une illusion qu'on pourrait qualifier de naturelle, car elle provient de notre passage dans le monde lors de la naissance : de l'unité première (la conscience), on passe à la dualité, avec d'un côté le corps et l'esprit, qui sont terrestres, et de l'autre l'âme éternelle. Dans le mythe de la chute des âmes qui n'a cessé d'être reformulé depuis que Platon l'inventa dans l'Antiquité, il reste encore une illusion : cette illusion, c'est celle de la séparation. Notre âme n'est pas séparée du monde prénatal, elle lui reste connectée tout au long de notre vie sur Terre, mais elle entre dans un corps et cette incarnation provoque une dualité. Notre corps ne doit pourtant pas nous induire en erreur ! La mort n'est pas une véritable séparation. En mourant, on se dépouille d'une enveloppe, on se sépare de ce qui nous liait au monde vivant, mais cette séparation ne touche pas au noyau de notre être. Ce noyau ne vieillit pas, il ne s'altère pas, il est notre identité la plus intime.

Je me souviens de cette cliente d'origine cambodgienne, venue, un jour à mon cabinet. Toute son histoire personnelle était liée à la dictature de Pol Pot appelée aussi des Khmers rouges. Ce régime a tué presque deux millions de personnes au Cambodge. Tous ces crimes, commis entre 1975 et 1979, commencèrent par des déportations massives depuis les villes vers les campagnes et s'achevèrent en véritable génocide. Parmi leurs pratiques criminelles, il y avait celle très répandue, et qui fait vraiment froid dans le dos, de séparer systématiquement les membres d'une même famille. On sépara femmes et époux, parents et enfants. On leur nia purement et simplement leur humanité : une déshumanisation totale. À l'époque de ces faits, ma cliente était encore une enfant, et sa mère a pu s'enfuir avec son père. Elle a pu, presque par miracle me direz-vous, venir en France et y résider. Elle porte un prénom français et s'est depuis « assimilée ». Pourtant, lors de la séance, alors que je ne connaissais pas encore son histoire, j'entendis en permanence ce que je croyais être un surnom dans une langue inconnue. C'était son ancien prénom cambodgien, répété en boucle ! Elle fut tellement émue que je lui donne son premier prénom ! Elle n'avait plus aucun souvenir de cette période de son histoire, en partie parce que sa mère avait souhaité tirer un grand trait dessus, mais aussi parce que son propre inconscient ne voulait pas relayer les horreurs vécues par ses parents *et* ses grands-parents.

Dans ce cadre, il devenait très délicat de faire valider des moments de sa vie d'enfant, alors que tous les messages que je recevais étaient liés à ce passé terrible enfoui dans sa mémoire. Cette jeune femme avait beaucoup de mal à accepter et même à ressentir ses émotions. Elle peinait à s'exprimer en public, à rencontrer des amis, à se lier aux autres. Tout cela dépendait de son histoire personnelle et les messages que je lui transmettais la débloquèrent et l'amenèrent peu à peu à se confier. Vous savez, même pour moi qui ai l'habitude de ces sortes d'imprévus, cette séance ne fut pas simple. Les validations, mêmes tardives, sont indispensables dans mon travail. Mais ici, avec ce passé enfoui, je fonctionnais vraiment à l'aveugle. Et c'est là que quelqu'un vint dénouer la situation : son grand-père ! Elle ne s'attendait pas à ce qu'il surgisse « d'outre-tombe », comme elle a dit. Mais il s'est manifesté à elle. Il me raconta qu'il avait fui très tôt le régime des Khmers rouges et qu'il était parti vivre en Chine. Ma cliente lui avait rendu visite peu de temps avant qu'il ne quitte ce monde. Mais elle, qui avait littéralement oublié cet épisode, s'en souvint soudain. Les émotions l'envahirent. Son grand-père lui transmit un grand « merci ! » d'une chaleur unique. Il avait été si touché de cette visite ! Il parla alors de *séparation* et de *retrouvailles.* Il dit qu'il s'agissait des deux faces d'une même réalité : la *relation.* Il me fit comprendre ce jour-là que la séparation, en soi, n'est qu'une illusion. Vous attendez la fin ? Le grand-père de ma cliente lui conseilla, alors qu'elle avait les larmes aux yeux, de se *reconnecter*, et lui proposa de retourner un jour, si son cœur le lui permettait, sur les lieux de son histoire, afin d'y déposer une fleur et son chagrin.

Une telle exhortation n'est pas rare dans mon métier : de nombreuses âmes invitent à retourner sur les traces de son passé et à réparer une relation qui s'est brisée dans la continuité de notre histoire personnelle ou familiale. Parfois, il suffit juste de notre présence ou d'un regard sur le passé… et la reconnexion s'opère. Comme si le simple fait de revisiter un lieu chargé d'histoire, ou d'Histoire, nous permettait d'absorber son énergie, de la faire nôtre et de la transformer. Les lieux et les objets, eux aussi, sont chargés de vibrations ; leur valeur ne vient pas de leur poids en or, mais de l'importance qu'ils ont eue dans notre histoire. Et souvent, il nous suffit de nous reconnecter à eux, l'espace d'un instant, le temps qu'on veut, pour transformer une énergie négative en vibration de joie.

Après notre séance, cette femme cambodgienne est repartie plus confiante. Depuis, plusieurs souvenirs lui sont revenus en mémoire et elle se fait accompagner sur le chemin de son existence. Désormais, elle sait qu'elle n'est pas seule. Elle est heureuse de se reconnecter.

On a du mal à imaginer aujourd'hui, dans nos sociétés si ce n'est « pacifiques » du moins en paix (si l'on excepte les attentats…), que nos grands-parents, arrière-grands-parents, et ainsi de suite, aient pu vivre des guerres et des traumatismes violents, sous des régimes difficiles et autoritaires. La plupart d'entre eux sont taiseux et ne veulent pas en reparler, ils se referment, comme s'il fallait à tout prix reprendre une vie normale. Un jour, j'ai entendu une dame qui disait : « Ma grand-mère a traversé tant d'épreuves et de chocs émotionnels qu'elle ne parvient plus à *pleurer.* » C'est le genre de phrase qui en dit si long avec si peu de mots ! Nos ancêtres ont énormément cultivé l'*oubli.* Ils se taisent, se ferment à leurs émotions, estimant que les traumatismes sont si grands qu'il vaut mieux ne pas les évoquer. C'est bien une volonté d'oubli, de renoncement à la mémoire. Aujourd'hui, nous avons de nombreux psychologues, nous avons l'habitude de nous ouvrir à nos amis, nous n'avons pas honte de consulter un thérapeute... Et c'est bien. Mais à une autre époque, on ne disait rien, on se taisait. C'était la vie, point. De ce fait, beaucoup n'ont pas accès à l'histoire intime de leurs ancêtres, alors que cette histoire les habite et parfois les empêche de vivre. Ils n'ont pas connaissance de ce qu'ont ressenti leurs aïeux, de la façon dont ils ont géré leurs douleurs, des choix et décisions de vie qui ont entraîné leurs traumatismes... Et pourtant, c'est d'une importance capitale.

Je vais vous donner cette fois un exemple personnel. Nous sommes à Lyon, pendant la Seconde Guerre mondiale. La ville est occupée par l'armée allemande. Mon grand-père, jeune alors, travaille chez Williams – une entreprise qui fabrique encore aujourd'hui des rasoirs – et manque cruellement d'argent. Il décide de faire du marché noir pour nourrir sa famille : il échange des produits (savons, lames, rasoirs, etc.) contre des bons de rationnement. Un jour, alors qu'il se promène avec sa femme et sa fille place des Cordeliers, juste après le couvre-feu, des soldats allemands le contrôlent. Dans le landau, il a dissimulé un énorme jambon ! Les soldats finalement les laissent repartir sans les fouiller. Leur allure innocente a dû tromper leur vigilance. Mais qu'ont-ils fait de leur peur de se voir démasqués et punis ? Sans conteste, elle a dû perdurer longtemps dans la famille, même après la guerre. Tandis que, pendant l'Occupation, la peur était bien réelle, elle a par la suite comme « infusé » dans l'esprit familial, sous la forme d'une peur constante et injustifiée d'être surpris, d'un sentiment constant de culpabilité, ou de punition à venir… Nous-mêmes, comment vivrions-nous cette situation aujourd'hui ? Ces angoisses, très présentes en moi, je n'en ai découvert la source que des années après la mort de ma grand-mère. Elle était demeurée silencieuse jusqu'au bout.

QUE FONT-ELLES ?

Qu'est-ce que les âmes peuvent bien faire ? Que font-elles, là-haut ? Eh bien, *elles ne font rien*, car elles ne peuvent rien faire, étant donné qu'elles n'ont, pour agir, ni le corps ni les organes sensoriels que nous possédons sur Terre. Elles ne sont soumises ni à l'espace ni au temps : elles *sont*, c'est tout. Elles ne connaissent sûrement même plus le verbe « faire ». Et être, c'est ce qu'elles « font » de mieux, si je peux me permettre cette petite boutade. Elles sont là, présentes. C'est vrai, on peut parler de « présence », d'une forme d'immanence. Avec l'être, on n'est pas dans le quantifiable comme pour le « faire », mais dans le ressenti. Plus vous êtes dans le ressenti, plus vous êtes dans l'écoute de votre féminin, et plus vous êtes à l'écoute de leur présence. C'est ce que je fais moi-même. Quand je dis qu'elles ne font rien, j'entends qu'elles sont de l'énergie créatrice ; pour elles, il n'y a pas de différence entre « être » et « faire ». Elles ne « font » rien comme nous, mais leur énergie créatrice ne cesse d'influencer notre monde. Les âmes, là-haut, ne cessent d'avancer ni même d'aider les autres, elles pardonnent, elles réparent ce qu'elles ont fait sur Terre, et c'est en cela qu'elles agissent. Mais leur action est un plein état vibratoire.

Je relaie parfois des messages amusants comme : « Je continue à jouer au bridge », ou bien, « On continue d'aller à la pêche ensemble » ! C'est arrivé à plusieurs reprises dans la série *Bruno – Un Nouveau Message*. Je me souviens d'Enora Malagré qui me demandait si sa grand-mère l'entendait pendant l'interview. Voyait-elle que sa chambre était toujours aussi en désordre aujourd'hui qu'elle était adulte ? En effet, lui répondis-je, elle vous voit ! Mais encore une fois, les âmes n'ont pas le véhicule pour nous voir avec des yeux humains ; elles nous voient davantage par le cœur, un cœur certes invisible, mais qui appartient à leur corps de lumière, leur corps d'énergie, celui qui est nôtre depuis toujours et pour l'éternité. Ce sont les yeux de l'âme ! Et si les âmes nous disent qu'elles continuent les mêmes activités que du temps de leur vivant, c'est pour s'adresser à nous dans des termes et avec des images que nous pouvons saisir. Ils nous transmettent des émotions ! Pêcher, jouer au bridge, rire, ce sont *aussi* des émotions. Imaginez que ce « corps » qui se retrouve dans l'éternité est sensible à d'autres énergies, dont les nôtres. Il est sensible aux vibrations. Et pour lui, il n'y a pas de séparation entre pensée et action, être et agir. Et par mon entremise, telle une antenne, les âmes peuvent transmettre ces énergies ; je les capte et les traduis en langage humain. Quel honneur (et quel bonheur !) de relayer tout cet amour !

Revenons un moment à Enora Malagré. Puisque les âmes ne sont plus incarnées dans une enveloppe physique, la raison de ce type de messages doit se trouver ailleurs. Je crois qu'il s'agit pour elle de se faire reconnaître, mais pas uniquement. L'âme, libre de toute emprise matérielle, peut évoluer partout, en tout lieu et en tout temps. L'énergie qui animait le cerveau a rejoint l'immensité, l'éternité. Quand je dis que la grand-mère d'Enora la « voit » toujours, ce n'est pas dans un sens physique. Elle perçoit son énergie, et l'énergie du « bazar » qui règne dans sa chambre. Elle me communique cette vibration, parfois en me soufflant le mot-clé ou en me montrant l'image. J'ai très envie de citer l'auteure Annick de Souzenelle et son remarquable ouvrage *Le Baiser de Dieu ou l'Alliance retrouvée*[1]. Elle dit si bien que le langage mathématique « permet de postuler l'existence d'un plan de réalité se situant hors des limites de l'univers relativiste d'Einstein, et donc au-delà de la vitesse de la lumière, espace où passé et futur se confondent en un présent continu ». Notre réel est « voilé » et il nous est infiniment plus difficile à appréhender.

Pour ce qui est de mon expérience personnelle, je sais aujourd'hui de manière certaine que les âmes n'agissent pas, qu'elles *sont*. Mais « être » n'est pas rien, loin de là ! Lorsque je parlais de ma vie dans la première partie de ce livre, j'ai pu donner des détails sur le rôle de ma mère : je l'ai montrée ouvrant la porte et allumant la lumière. Dans nos termes terrestres, elle « fait » bien quelque chose, mais elle le fait par sa présence et ses vibrations. J'ai aussi évoqué à deux reprises le rôle de José : il est de ceux qui établissent le contact entre les âmes et ici-bas, exactement comme ces points de relais dans les centrales électriques, ou encore comme les synapses dans le cerveau. Aussi, il faut bien comprendre qu'il n'y a aucune envie chez les âmes, ni attente

1. Albin Michel, 2007.

ni frustration non plus. S'il m'arrive parfois de m'exprimer d'une façon particulière (par exemple : « votre père vous demande ceci, votre mère aimerait bien cela »), c'est simplement pour montrer leur désir de nous aider, de nous inspirer un changement nécessaire. Mais sachez-le, nous restons jusqu'au bout totalement libres de choisir ! Les âmes sont conscientes de ce qui est, et n'attendent rien de notre part. Elles ne sont animées que par leur *intention d'aider*. Et, quoi qu'il en soit, elles ont déjà tout pardonné.

Trois principes essentiels

Pour clore en beauté cette partie de mon ouvrage, je voudrais vous confier trois principes, trois caractères du monde des âmes que j'ai pu comprendre et formuler en termes compréhensibles à force de dialoguer avec les *thérapeutes du ciel*, avec nos amies les âmes.

Là-haut, dans leur dimension, *tout est conscience.* Il n'y a ni jugement, ni religion, ni opinion, ni colère, ni reproche : il n'y a que la conscience. L'identité sexuelle ou sociale, les normes, les événements et même le bien et le mal, tout cela n'existe pas. Les âmes sont dans un état de pure conscience qu'il nous est difficile d'imaginer. Et je crois même qu'une telle joie et une telle conscience pourraient nous faire peur si nous l'imaginions réellement. Je me souviens de cette femme qui est venue me voir, un jour, avec sa maman. J'ai immédiatement évoqué leur père et mari, décédé une dizaine d'années auparavant. C'était le patriarche par excellence. Il se définissait par son statut social élevé et arborait une sorte de médaille qu'il aimait porter à la poitrine. Et lorsqu'il me montra des pays chauds, la mer et le soleil, je pensai aussitôt à l'Afrique du Nord. Il me semblait parler plusieurs langues, et faisait preuve sans conteste d'une grande érudition. Il me disait avoir eu une belle bibliothèque remplie de livres éclectiques et savants. Puis ce bureau, sur lequel il avait beaucoup écrit... La mère et la fille m'ont confirmé immédiatement toutes ces choses : diplomate, notre visiteur avait reçu la légion d'honneur. Il avait vécu dans les pays du Maghreb et écrit des ouvrages sur le Proche-Orient

Mais au-delà de ces importantes validations, quelque chose m'a marqué : cet homme ne manquait pas de conversation. Pendant la séance il évoqua sans cesse la religion, sous toutes ses formes et notamment les trois grands monothéismes, juif, chrétien et musulman. Dans son message, il me montrait la croix du Christ, l'étoile de David et le croissant islamique. C'est alors qu'il me demanda d'insister sur ce point précis auprès de ses bien-aimées. Et la mère, sans attendre, me répondit qu'il avait été un faiseur de paix, ayant œuvré toute sa vie pour un « œcuménisme pragmatique » : selon lui, chaque religion disait quelque chose de Dieu, et tant de diversité dans la foi était une immense richesse Il avait créé des groupes de réflexion et d'échange, aussi bien autour de la prière que de la culture. On pouvait y côtoyer des rabbins, des imams, des prêtres, des gens de la société civile, formant un réseau d'entraide qui dépassait les seules limites de la religion. Il se dégageait de cette âme une puissance d'amour hors du commun. Mes clientes étaient en larmes et moi-même je me forçais à contenir les miennes. En fin de séance, je reçus soudain un dernier message : « Ce que vous considérez ici-bas comme des opinions, des jugements et des religions, n'existe pas chez nous. Il n'y a aucune différence de traitement entre nous. Il n'y a que l'amour et sa manifestation parfaite. » Ce monsieur nous donnait une grande leçon de vie.

Il me semble donc, et les âmes me le répètent souvent, que nos codes d'ici-bas n'existent pas dans « l'au-delà ». Si les âmes viennent nous voir sous les traits que nous leur connaissions du temps de leur vie sur Terre, c'est bien pour confirmer l'identité qui fut la leur lorsqu'elles étaient parmi nous. Mais papa ou maman, frères, sœurs, cousins, amis, ils ne sont plus ceux qu'ils étaient sur Terre, avec leurs désirs, leurs joies et leurs peines ; ce serait impossible. Mais une chose est sûre : la relation, elle, reste inaltérable et inaltérée. Nos proches, là-haut, viendront nous accueillir. Dans leur pleine conscience, ils captent toutes les vibrations et souhaitent nous aider, nous aimer. Et justement, s'ils communiquent avec nous, c'est pour nous montrer que la mort n'existe pas ; ils mutent et nous appellent à muter nous aussi. Car tout ce qui est délié là-haut se délie ici-bas. Ils sont donc, et c'est leur deuxième caractère, dans un état de *relation*.

Laissez-moi vous conter le cas de cette cliente venue me rencontrer il y a un peu plus d'un an. C'est une histoire familiale extraordinaire. Nous sommes à la fin des années 1990. Le frère de cette dame, Simon, avait de son vivant, gagné au Loto la coquette somme de 70 millions de francs, presque 11 millions d'euros, qui mettait ce monsieur, toute sa famille, tous ses amis, son chien et son chat à l'abri du besoin. À l'époque de la consultation, Simon était décédé. Il me raconta alors les circonstances et les détails de son parcours terrestre. Il me confia qu'il avait été un fin parieur, un joueur invétéré depuis toujours. C'était à cette passion flambante qu'il devait d'avoir gagné autant d'argent. Mais dans son cas, le fait d'avoir touché un tel pactole avait aggravé sa passion. Il avait ouvert plusieurs commerces qui avaient tous périclité, avait distribué beaucoup d'argent à ses enfants, acheté, consommé et jeté d'innombrables produits luxueux avant de finir ruiné, au jeu. Il fut emporté par une cirrhose du foie en quelques semaines. Une séance éprouvante, pour ma cliente comme pour moi, notamment en raison de la remontée de ces souvenirs infernaux... Mais ce frère si chéri, chanceux et malchanceux à la fois, tenait à transmettre un message d'importance : le neveu de la cliente (un des fils de Simon, donc) se trouvait dans une situation financière très délicate. Il était le seul à avoir tenu bon, quand tous les autres avaient dilapidé l'argent que leur père leur avait donné. Lui avait touché sa part et tenté par tous les moyens de sauver un commerce qu'il avait fondé grâce à lui. Il y avait urgence. Il commençait maintenant à boire et, de toute évidence, reproduisait sans le vouloir le comportement de son père à la fin de sa vie. Sans compter que, tenant un commerce de friandises, il venait de déclencher un diabète.

Mais il n'y a pas de fatalité chez nos amis de l'invisible. Nous sommes, le plus souvent à notre insu, les artisans de notre propre malheur, par répétition, transmission de fardeaux, de fonctionnements, de situations déjà vécues par nos ancêtres. Il nous faut prendre conscience des origines de nos maux, et assumer notre implication, afin de voir comment, même de façon parfois minime, nous avons sacrifié notre liberté, sans parfois avoir pu faire autrement. Il s'agit de trouver ce qui ne va pas *en* nous, de comprendre notre part de responsabilité dans l'enfermement. Cette ouverture personnelle, comme une implication de notre libre arbitre, est le début de la guérison. Pour nous aider, les âmes n'ont pas besoin de plus que notre consentement à être aidé. Or Simon, le frère de ma consultante, demandait à ce que son fils soit informé de son apparition au cours de la séance. J'acceptai alors, à cette occasion, que madame fasse un enregistrement audio de notre entretien, dans le but de le faire écouter à son neveu et de provoquer ainsi l'électrochoc nécessaire : il fallait à tout prix le sortir de cette situation. En effet, empêtré dans des difficultés financières sans fin, il s'accrochait à son magasin malgré un chiffre d'affaires en berne, dans une sorte de fidélité *post mortem.* Il espérait ainsi obtenir la reconnaissance de son papa outre-tombe. Le conseil de Simon à son fils fut clair : il devait expédier l'affaire, la vendre au mieux, et se libérer de son attachement filial morbide : son père existait désormais dans la paix et dans la joie.

Quel ne fut pas son soulagement à l'écoute de notre séance ! Il n'eut pas besoin de plus. Il ne lui manquait que cet encouragement paternel pour assumer son choix. Ayant réalisé les démarches nécessaires, avec un bon coup de pouce du destin (*sic*), il a pu vendre son commerce à un prix raisonnable, et sans trop de casse ! Il s'est retrouvé, c'est vrai, sans grande richesse et il lui faut aujourd'hui reprendre sa vie où elle s'était arrêtée, là où son père, malgré sa meilleure volonté, lui avait offert un cadeau empoisonné. Mais désormais il vit *libre* et dégagé de ce poids écrasant. Cette histoire, loin d'être un drame, a permis d'éprouver la solidité de la relation entre le père et ce fils, qui s'est transformée en véritable *révélateur de sens*, du sens de la vie. Le fils aurait pu sombrer et répéter les fautes de son père, même si je n'aime pas ce mot de « faute », disons plutôt les errances de son père, qui avait certainement lui-même répété des fonctionnements familiaux qui l'avaient précédé. Le fils de Simon a pu, lui, par mon humble entremise et les puissants messages de son père, rectifier le tir et sortir du cercle vicieux. On peut comprendre, par cet exemple si beau, que l'argent n'a été qu'un prétexte. Riches ou pauvres, les protagonistes de notre histoire auraient pu, comme tant de familles, perpétuer une misère sans fin… un véritable enfer ! On remarquera aussi comment s'opère l'ouverture intérieure, ce vortex, cette « porte » permettant de sortir de l'illusion. Ici, l'illusion, qui était une réponse à une angoisse plus profonde, était le pari du père à la roulette, et l'obstination du fils avec son propre commerce. Chaque jour dans mon cabinet s'opèrent de vrais petits miracles de ce genre.

Oui, les âmes nous appellent à nous délier, à vivre dans la lumière, et ainsi à cultiver le pardon et toutes les émotions qui nous poussent en avant. Les prières que nous faisons ont un effet *sur elles et sur nous à la fois ;* elles tendent toujours à nous « délivrer » de nos relations difficiles et des empreintes des mauvaises énergies. Les âmes nous invitent à quitter l'attachement pour entrer dans la *relation.* C'est pourquoi leur troisième caractère est celui qui me paraît le plus beau : *elles sont dans la lumière.* Ce sont les meilleurs termes que j'ai trouvés pour illustrer, communiquer, l'état des âmes qui sont passées : la lumière ! C'est le mot qui illustre à la fois leur état d'éternité, de pleine conscience et le fait qu'elles traversent aussi bien les temps que les espaces. Elles sont dans la lumière, elles sont *de* la lumière, comme des anges ; elles irradient des vibrations de joie et de bonheur bien plus puissantes que toutes les douleurs et les événements tragiques. C'est si simple et si beau ! Et même si ce sont des sensations et des émotions que nous ne pouvons pas tout à fait comprendre, il nous suffit de les dire pour qu'advienne déjà la lumière des âmes dans notre monde.

Partie 3 – Les thérapeutes du ciel

Dans la mythologie grecque, l'épisode bien connu d'Œdipe et du Sphinx n'a jamais cessé de me laisser rêveur. Ayant décidé de quitter le domaine familial, le jeune Œdipe se rend à la ville de Thèbes. Mais pour pouvoir y entrer et espérer épouser la reine Jocaste, qui est en fait sa mère, il doit d'abord résoudre l'énigme que lui pose le Sphinx, créature terrifiante au corps de lion et au buste de femme. Jusqu'alors, tous les voyageurs qui ont tenté d'y répondre ont échoué et fini dévorés. Lorsque Œdipe parvient à la créature, elle s'adresse à lui avec cette fameuse question : « Quel est l'être qui marche sur quatre pattes le matin, sur deux pattes à midi et sur trois pattes le soir ? » Œdipe comprend qu'il s'agit de l'homme de l'enfance à la vieillesse, et résout l'énigme. Par dépit, le Sphinx se jette dans un précipice. Une clé d'interprétation, parmi toutes celles déjà données à ce mythe, pourrait se trouver dans l'idée que nous sommes des *mutants* : nous naissons, nous mourons, nous nous transformons continuellement. La mort ne serait que l'ultime mutation de notre forme terrestre. Nous sommes des mutants, et je m'aperçois chaque jour dans mon travail que les douleurs et les drames sont souvent des occasions, pour nous, de nous transformer et de prendre conscience du fait que nos multiples mutations sont essentielles à nos vies, tout comme la mue des serpents. Et pour muter, nous devons résoudre notre énigme personnelle.

On pourrait penser que je passe mon temps à parler de la maladie, des accidents et de la mort. Ce n'est vrai qu'en partie. Certes, nos entretiens s'ouvrent souvent par le témoignage des âmes sur les circonstances de leur départ : ces précisions permettent de valider leur présence. Alors, il est exact, je ne peux pas le nier, que tous les jours ou presque je suis le témoin d'histoires tristes, puisqu'elles finissent toutes par la mort. Mais n'est-ce pas en réalité la finalité de toute vie ? Notre naissance et notre mort ne sont-elles pas les événements les plus certains de notre existence ?

Si je suis en vie, c'est donc que je suis né un jour et que je suis appelé à mourir. La mort est une certitude : elle est inéluctable et inexorable. Si l'on en reste à ce constat bien triste et bien limité, on rate pourtant l'essentiel. Or justement, ce qui pose problème, c'est que la mort nous prive de la relation que nous avions avec nos proches. Au-delà même de cette séparation, il y a d'abord le regret que la personne ait dû tomber malade ; comme on aimerait qu'elle revienne et en bonne santé ! Comme avant. Mais plus rien n'est comme avant, on le sait, sauf dans notre esprit, qui a conservé cette image. Si notre cerveau constate que la personne n'est plus là, qu'elle est morte, notre cœur, celui de nos émotions, reste plein de l'être aimé. Et cette dichotomie fait tant souffrir ! C'est précisément ce qui m'est arrivé lorsque j'ai perdu ma maman. Il s'agit donc de retrouver la *relation.*

Car l'essentiel de notre vie est dans la relation. L'expression « être connecté les uns aux autres » pourrait être un peu neutre s'il n'était associé au « lien », à *ce qui se relie.* Rien ne me fait aimer davantage la vie que tous ces témoignages d'amour, ces moments de réparation, parfois de réconciliation, que je partage avec les personnes qui me consultent. C'est dans ce travail quotidien que je constate à quel point la relation peut être restaurée. Les âmes sont dans une félicité indicible ; et parvenir à transmettre ce ressenti est pour moi un défi quotidien. En effet, au-delà de l'effet bluffant des messages, il s'agit bien de retrouver, le temps d'une séance, le goût d'une vie partagée. Parfois, je ne peux réprimer l'envie de prendre la personne dans mes bras, de serrer ses mains, car c'est là l'intention que m'envoient mes amis invisibles. Je me sens rempli d'amour ! Combien la vie ici-bas est belle, combien la vie des âmes est belle, je le constate jour après jour.

J'ai vécu des périodes sombres, de doute, d'incompréhension, mais je baigne aujourd'hui dans une belle lumière. Certains diront que j'ai la foi… Peut-être. Nous aspirons tous à l'unité, la transcendance. Mais je crois aussi que c'est la transcendance qui nous cherche. C'est elle qui se cherche en nous… Elle m'a sans doute cherché, toute ma vie. Et elle continue à me travailler, dans la quête du bien-être pour le plus grand nombre à laquelle elle m'a invité il y a quelques années. Il y a là-haut comme une « urgence tranquille », ce je ne sais quoi qui nous intime d'être dans la joie *dès maintenant*, sans tarder. Et l'on me donne quelques éléments de réponse qui permettront d'atteindre cette joie. D'une activité un peu « ésotérique », plus axée sur des prédictions, j'ai glissé imperceptiblement vers une activité de « soin » en recherchant l'origine possible des soucis de mes consultants. Répondre à la fois au « pourquoi suis-je là ? », mais aussi au « comment donner du sens ? », pour ensuite s'assimiler et *muter* : c'est cela ma vocation.

C'est donc ainsi, quelque temps avant de commencer ma série, que m'a été inspiré ce très beau nom de *thérapeutes du ciel*. Je ne peux qu'être émerveillé par la constance de leur bienveillance à notre égard, cette prévenance et ce désir jamais éteint de nous aider, de nous *réparer*. Les âmes, ce sont elles les véritables thérapeutes ! Il y a celles qui m'accompagnent au long cours : ma maman, mon papa, ma grand-mère et plusieurs autres. Ils m'inspirent dans mon travail. Mais mes proches ne viennent pas seuls… Les thérapeutes du ciel sont comme une nuée invisible, j'aimerais dire des anges, mais je les ressens comme une multitude de particules lumineuses, un peu comme la poudre de la fée Clochette dans *Peter Pan*. Et cette nuée invisible nous vient en aide : elle soigne les vivants !

Cette expression « thérapeutes du ciel » n'est pas venue par hasard, elle s'est imposée à moi. Tout message de nos *alliées* est porteur d'un soin. Oui, je reconnais une *alliée* dans chaque *âme* qui vient me visiter, une alliée pour soulager, aider, réparer les vivants. N'y a-t-il que des messages positifs ? La réponse est *oui.* Si j'évoque des moments difficiles d'une vie passée, c'est pour en faire quelque chose de positif, pour réparer une relation au nom des âmes. Par moment, je sens que mes amis viennent me « recharger » en informations, comme si j'avais besoin d'une « mise à jour ». Le langage informatique parle si bien de ce qui se passe autour de moi ! Cet été, mes alliées m'ont informé, un matin au réveil, que je serais « en maintenance » durant plusieurs semaines. Le terme a fait beaucoup rire mon entourage ! Je crois qu'il s'agit là vraiment de mises au point qu'elles réalisent en moi, comme un accordeur de piano. C'est pourquoi je les appelle plus volontiers mes *alliées*, car elles m'apportent un soutien indéfectible dans mon travail. Tout message recèle en son sein *une petite graine* qui va s'épanouir dans le cœur de celui qui l'accueille. Jugez-en plutôt avec le témoignage qui suit.

Ce matin, le papa d'une certaine Gabrielle est venu me donner des messages chaleureux de réconfort et d'amour. Toute sa vie, la consultante a été prisonnière d'un sentiment de culpabilité. Elle évoque des problèmes de place dans la famille, elle sent qu'elle doit se justifier pour chacune de ses actions. Elle n'a jamais vraiment compris pourquoi jusqu'à ce que son père lui dise qu'elle « en faisait assez ». Qu'elle n'avait plus besoin de douter, que lui n'avait jamais douté d'elle de son vivant. Et que sa mère et lui s'étaient réjouis de sa venue au monde. Ma cliente ne cachait pas son émotion. À l'adolescence, elle avait tout fait pour attirer l'attention de son papa. Ce dernier s'absentait souvent, pour raisons professionnelles, mais elle en avait conclu que c'était de sa faute à elle, qu'il partait à cause d'elle. Elle devait également assister sa maman dans les tâches ménagères, et cette dernière ne la complimentait pas beaucoup… Durant la consultation, son père remercie Gabrielle d'avoir passé de longs mois à l'accompagner dans sa maladie, jusqu'à ses tout derniers instants où il s'est éteint dans ses bras, à l'hôpital. Alors qu'elle essuie des larmes de joie, je dis à Gabrielle, en lui transmettant telles quelles les paroles de son cher papa : « Tu as connu la *séparation.* Tu vas connaître la *réparation.* » Une seule lettre qui change… Un « s » pour séparation, un « r » pour réparation… les initiales de son père ! C'était cette petite graine qui changerait la donne…

Voilà qui a bouleversé Gabrielle. Ce message si beau lui redonnera, elle le sait, l'énergie nécessaire pour se défaire de ses douloureuses culpabilités.

Les messages des âmes prennent souvent des formes anodines ou anecdotiques, mais leur fonction est principalement de susciter des émotions qui viennent nettoyer en profondeur les personnes avec lesquelles je m'entretiens. À ce titre, on me demande souvent s'il y a des messages pour tout le monde et si ces messages « marchent » tout le temps. Je répondrai oui, par force, dans la mesure où nos ancêtres nous ont précédés sur Terre. Les expériences ne sont certes pas toujours bluffantes sur le coup, mais il y a toujours une finalité aux messages transmis, une finalité qui se révèle avec le recul et la réflexion. Les âmes ont des effets constants sur notre vie. Qu'on le remarque ou non, rien n'est « anodin ». Elles nous soignent par les rêves, les inspirations, les intuitions qu'elles nous suggèrent. Notre intuition intime n'est pas seulement l'outil ou le produit de notre conscience individuelle. Elle est, comme la musique, *un pouvoir de création* sur notre vie et sur le monde ; elle est une des deux extrémités d'une même conscience. L'intuition, le rêve, l'inspiration naissent de la connexion de notre conscience et *leur* conscience : ils nous relient à eux au plus profond de nous. Et mon travail est du même ordre. En connectant *ma* conscience à *leur* conscience, je reçois un afflux de messages, chargés des bons fruits que sont l'amour, la reconnaissance et le pardon.

Rien n'est donc anodin du côté des thérapeutes du ciel. Constamment, ils nous secourent, nous soignent. Et si nous nous connectons à eux, ils œuvrent même pour l'amélioration de notre santé en nous soulageant physiquement. Les cas de guérison spectaculaire ne sont pas rares ; ils montrent à quel point la santé de notre corps est liée à celle de notre âme. Et nos alliées, là-haut, s'affairent justement à prendre soin de notre âme ! Dans des situations parfois extraordinaires, elles nous réparent, alors que toutes nos espérances pouvaient nous avoir quittés. Mais il ne faut pas croire que seul le sensationnel est important, non ! Souvent, les âmes soignent toutes sortes de petits stress, de petits dérangements, de petites douleurs qui nous travaillent, elles nous soulagent *simplement en nous disant qu'elles vont bien et en nous reconnaissant.*

Victoire, la fille d'une de mes amies, avait eu une enfance difficile, avec une vraie problématique dès son plus jeune âge : angoisses nocturnes récurrentes, problèmes de santé nombreux qui avaient plus d'une fois engagé son pronostic vital. Elle ne pouvait s'endormir seule et encore moins sans lumière. Si l'on éteignait, elle se réveillait systématiquement, en larmes, étreinte par une angoisse que seules les paroles maternelles pouvaient calmer. Pour couronner le tout, Victoire avait *des visions.* Elle voyait des ombres dans sa chambre, entendait des chuchotements qui la terrifiaient. On aurait pu prendre de telles manifestations pour des hallucinations, son inconscient confirmant ainsi en quelque sorte l'idée que l'on avait de son état général. Mais ses parents furent bien inspirés : comme Victoire avait entendu parler de moi, sa maman décida de prendre rendez-vous avec moi.

La grand-mère de Victoire se manifesta alors avec beaucoup d'acuité… Étrange, dans la mesure où cette jeune fille de quatorze ans ne l'avait pas connue ! Étrange, mais pas rare : les âmes, dans leur clairvoyance, l'avaient conduite sur mon chemin. Le simple fait de rencontrer quelqu'un comme moi, qui assume sa vie, qui peut vivre sa sensibilité, outre ma connaissance en profondeur du travail des âmes en elle, l'a rassurée. Elle a très rapidement retrouvé le sommeil, et, en un an, ses problèmes de santé se sont apaisés. Pour les parents également, ce fut un soulagement et ils ont compris qu'ils devaient respecter cette sensibilité de leur fille et y adapter leur comportement : depuis, Victoire a beaucoup grandi et les tensions familiales se sont nettement résorbées.

Vous l'avez compris, je ne travaille jamais seul. Ce n'est pas moi le thérapeute, ce sont les âmes ! Et le travail que j'accomplis est comme un triangle : il y a les âmes, mes interlocuteurs et moi, qui suis comme un relais. Si jamais je parviens à soigner les vivants, je le fais *grâce aux âmes*, grâce à nos alliées. Chaque fois que notre corps manifeste une maladie, il faut comprendre, d'une part, qu'un « mal-à-dire » reste à exprimer sur le plan de l'esprit, et d'autre part que notre âme exprime avant tout le besoin de se réaliser. Incorporée durant la vie, l'âme peut être prisonnière du corps, elle peut être obstruée par l'esprit. Voilà pourquoi nous avons parfois besoin de souffrir (même si ce n'est pas indispensable !) pour comprendre à quel point nous nous enfermons nous-mêmes dans notre aventure humaine. Si l'on va voir le médecin lorsque notre corps est malade ou souffrant, si l'on consulte, naturellement, les psychologues, psychiatres ou autres thérapeutes pour les maux de notre esprit, on peut tout aussi bien solliciter un *médium* pour parler de notre âme et traiter ses blessures. Comme on l'aura compris dans ce que je viens d'exposer, *cette thérapie du ciel* prend l'âme pour unique objet de ses soins. Je ne prétends soigner le corps et l'esprit qu'indirectement. Je m'intéresse d'abord et surtout à l'âme, et ce n'est qu'en la guérissant, elle, que j'espère résoudre des problèmes corporels et spirituels qui lui sont liés.

Si je devais décrire leur interaction avec nous, je dirais que c'est de façon elliptique que les âmes nous atteignent, un peu comme la ronde de la lune. Parfois, on les sent très proches de nous, les sentiments et les détails abondent, leur présence semble perpétuelle. D'autres fois, elles semblent très lointaines, et ce sentiment d'éloignement peut durer des années de notre temps terrestre. Ce va-et-vient nous laisse en réalité une infinie liberté, un libre arbitre plein et entier dans nos choix d'existence. Les âmes ne nous envahissent pas, elles ne nous imposent rien ! Elles nous aident et suggèrent. Les thérapeutes du ciel traversent l'espace et le temps, via un vortex où circulent beaucoup d'informations et davantage encore d'émotions. Hélas, ce vortex, cette porte, ne s'ouvre parfois jamais. Je reçois régulièrement des témoignages de personnes qui ne ressentent presque jamais la présence de leurs proches disparus et en nourrissent une certaine amertume. On aimerait tant un petit message des âmes nous disant simplement que tout va bien ! Cette seule certitude peut soulager notre manque, le vide et le deuil... Combien de mes rendez-vous se concentrent sur cette perspective libératrice ! Mais un contact avec les âmes n'est jamais anodin. Si elles viennent nous voir, si elles répondent à notre invitation, c'est toujours pour aider, soigner, ouvrir, libérer. Voilà pourquoi je ne reçois que des messages d'amour. L'ouverture de cette porte, de ce *vortex d'amour*, permet de recevoir les messages et de créer l'ouverture dans notre monde spatio-temporel, créant des occasions, des événements, de nouvelles rencontres ou des nouveautés dans notre vie. Mais ces vortex ne sont pas uniquement réservés aux médiums ou autres thérapeutes. Nous les avons aussi en nous : les points d'acupuncture, les chakras, mais aussi nos organes et leur fréquence vibratoire, notre système nerveux, jusqu'à notre intuition sont autant de capteurs énergétiques qui ouvrent sur cette réalité invisible, mais réelle.

On entend régulièrement parler de fantômes, de maisons hantées, de démons, de possessions… Il y a du vrai dans ce qu'on entend, mais il y aussi des superstitions. Il existe, en effet, des lieux chargés d'histoire, marqués par des drames. Ce qu'on peut être amené à ressentir dans ces lieux n'a pas d'existence propre, il n'y a pas de correspondance dans la dimension de la conscience. Ce sont des spectres, comme des toiles d'araignées, qui parfois prennent des apparences très fortes, que certaines personnes sont capables de percevoir au même titre que certains médiums peuvent revoir la bataille d'Austerlitz ou ce qu'il s'est passé dans les camps de la mort. Il s'agit donc *d'empreintes,* aussi bien au niveau collectif, historique, qu'individuel. Ces empreintes sont comme des stigmates, des cicatrices invisibles, produites par les événements passés et traversant des époques postérieures. Des traces persistantes. Elles résultent d'une explosion de souffrance qui n'a pu se résoudre, s'effacer d'elle-même et s'infiltre donc dans notre monde et nos âmes. Il existe des personnes dont la spécialité est de nettoyer ces lieux évoqués plus haut dont la vibration énergétique est basse, influencée, enfermée dans une sorte de capsule qui s'autoalimente. On m'a rapporté des témoignages ressentis comme terrifiants d'événements qui s'étaient déroulés dans ces maisons « habitées », terme que je préfère de loin, car il nous fait comprendre que ces maisons ne sont pas hantées par des âmes. Elles subissent la permanence d'un drame, d'une personne ou d'un groupe qui l'a vécu sur ces lieux. Alors c'est vrai, ces marques permanentes peuvent prendre des formes spectrales ou spectaculaires. Je crois en revanche que, bien que non concrètes, ces images sont toujours l'occasion de travailler sur notre vie. Les empreintes peuvent se stigmatiser sur le corps ou l'esprit, sous forme de maladie physique ou mentale, mais… L'âme atteint toujours la lumière, il n'y a pas de sas de décompression ou de purgatoire à traverser pour atteindre la joie. En revanche, l'esprit de la personne, l'esprit de la relation, avec tout ce qu'elle a pu faire ou pas, crée une forme de spectre, parfois très vivace, qui ne résiste pourtant jamais à l'*injonction d'amour* des messages des âmes.

Les Synchronicités

Dans ma vision des choses, on l'aura compris, il n'y a pas d'au-delà à proprement parler, du moins pas comme nous l'entendons. Bien différent de l'idée limitée que nous pouvons en avoir, le monde où nous vivons en tant qu'êtres humains possède sa réplique exacte dans le monde invisible. La moindre rencontre avec des inconnus, le moindre passage dans un lieu, même quelconque, le plus petit fait ont une résonance dans l'autre monde et provoquent un effet miroir. De même, nos pensées, nos émotions et les actes qui en découlent ont une résonance simultanée de l'autre côté. C'est l'envers et l'endroit de la pièce de tissu ! Le psychanalyste Carl Gustav Jung parlait à ce titre de

« synchronicités », même s'il en reconnaissait davantage le caractère symbolique. Pour ma part, je suis convaincu de leur caractère réel. Aucune rencontre, quelle qu'elle soit, aucun événement n'est le fruit du hasard. Toutefois, j'invite toujours les personnes qui viennent me consulter à garder les pieds sur terre et à ne pas voir des signes partout, au risque de tomber dans un autre excès, de vivre un peu trop dans la lune. Il n'y a aucune utilité à cela. Comme le dit l'expression : gardons *les pieds sur terre et la tête dans les étoiles.*

Mon quotidien est truffé de synchronicités, dans les rencontres que je fais avec les gens venus me consulter. Je ne pourrai pas relater toutes ces expériences, mais il y en a trois dont je me souviens particulièrement. La première est celle de Stéphanie. Assez timide et réservée, elle attendait avec son grand cœur d'enfant la venue de son papa. Celui-ci n'a pas manqué d'apparaître sous les traits d'un homme bon et généreux, les bras chargés de fleurs, c'était magnifique à voir. Au milieu de ses larmes, Stéphanie m'apprend que son père était fleuriste. Quelle belle validation ! Après une très belle séance de la même intensité que ce début fleuri, j'ai salué Stéphanie, la remerciant d'être venue, et lui ai donné un dernier message de son père : « Je t'enverrai une fleur. » Nous avons tous les deux pensé qu'il s'agissait encore d'une simple confirmation, d'autant que ma consultante avait elle-même une boutiquc de fleurs. Sauf qu'une fois arrivée en bas, Stéphanie m'appelle tremblante : il y avait une orchidée sur le pas de la porte quand elle est sortie. Je peux en témoigner, ceci a fort peu de chances d'arriver, car il n'y a aucun balcon aux fenêtres de mon immeuble, pas plus que d'arbres ou de fleurs dans ma rue. Son papa avait promis qu'il lui enverrait une fleur, il a tenu parole.

Autre témoignage saisissant, celui de Steven à New York. Steven, accro à la drogue, était en cure de désintoxication. Bien que très sceptique, il accepta de suivre les conseils de mon amie Joan et de me recevoir dans sa chambre. Comme, à l'époque, je n'avais pas connaissance de cette connexion, je me bornai à lui tirer les cartes. Pourtant, en voyant la colombe sur l'une d'elles, je ne pus m'empêcher de dire la chose suivante : « Lorsque tu sortiras de cette cure, tu reviendras à New York que tu aimes tant. Un jour où tu ne t'y attendras pas, à un feu rouge, une colombe se posera sur le capot de ta voiture. Ce jour-là, tu seras guéri. » Six mois passèrent, j'étais rentré à Paris, quand Joan m'appela tout excitée : la « prophétie » s'était réalisée ! Steven l'avait appelée, car une colombe s'était posée sur le capot de sa voiture, en plein Central

Park. Était-ce le choc de cette synchronicité ? Ou un ensemble de facteurs ? Toujours est-il qu'à dater de ce jour, Steven n'a jamais plus retouché à la drogue. Quand j'y repense, je trouve que mes alliées ont fait là un travail incroyable. Ce témoignage montre aussi à quel point je peux devenir l'instrument ô combien involontaire de leur pouvoir d'aider qui dépasse tout sens commun. On pourrait voir dans cette carte tirée au sort une prédiction de l'avenir. Je crois qu'il y a une seconde réponse : *les âmes me prévenaient, par cette carte, de ce qu'elles allaient faire pour sauver Steven de la drogue.* Et ces deux événements mis en relation, la colombe symbolique et la colombe réelle, constituaient le choc nécessaire par lequel les âmes savaient pouvoir tirer Steven de la dépendance. Cela va au-delà d'une synchronicité classique. Je reste le témoin ébahi et toujours reconnaissant de ces manifestations de l'invisible dans nos vies. Déjà, à cette époque – mais je l'ignorais encore –, les thérapeutes du ciel agissaient à travers moi pour réparer les vivants.

Enfin, un dernier épisode m'a toujours paru représenter *davantage* qu'une synchronicité : l'histoire de Nathalie. Elle vint me voir, voilà plusieurs années. À peine était-elle assise en face de moi que son père faisait son entrée. Elle était si heureuse de recevoir un signe tangible de sa présence ! Tandis que j'avançais dans l'entretien, une image un peu particulière s'imposa à moi. Je suis parfois tellement surpris de ce que les âmes m'envoient que je serais tenté de rejeter leur message du revers de la main. Sauf que tout ce qui se passe a un sens. Je me lançai donc : son père m'envoyait l'image d'une petite cage dans laquelle était enfermé un chat tout blanc… Nathalie ne comprenait pas ce que cela signifiait. Mais cette image persistait dans mon esprit. Comme nous étions dans l'impasse, je reçus un complément d'information : son père annonçait la présence du frère de Nathalie. Je ressentis alors des sensations relatives à l'étouffement. Nathalie me confirma que son jeune frère s'était suicidé. Mais l'endroit où je me voyais évoluer, le lieu du drame, ne ressemblait en rien à une maison ou un lieu extérieur. Je le lui décrivis. Il y avait très peu d'espace autour de moi, entre quatre murs blancs : c'est alors que Nathalie m'apprit que son frère s'était tué en prison. Cela expliquait mes ressentis. L'autopsie du corps de son frère n'avait rien révélé. On ne savait pas comment il avait mis fin à sa vie. Ma cliente avait passé de longues années à le pleurer. Elle ne se consolait pas de n'avoir pu l'aider, et empêcher l'irréparable. Mais il y avait cette image, ce chat blanc… Je demandai à Nathalie si elle n'avait pas eu un animal de compagnie qu'elle aurait perdu.

Elle éclata en sanglots, me confirmant que son chat blanc venait de mourir… Son chat blanc ! Une cage ! Et c'est alors que Nathalie se souvint qu'avant d'arriver à notre rendez-vous, elle avait fait une rencontre surprenante : alors qu'elle remontait la rue menant à mon cabinet, un mendiant comme sorti de nulle part s'était approché d'elle. Il tenait de sa main gauche une petite cage. Et dans cette cage se trouvait un petit animal : un chat. Pressée, car elle avait peur d'être en retard, Nathalie n'avait pas prêté davantage attention à cet homme et avait pénétré dans mon immeuble. Cette séance fut impressionnante. Nathalie était si préoccupée par son père et son frère qu'elle n'avait pas fait le rapprochement entre cette rencontre dans ma rue et les messages qu'allait lui envoyer son frère. Nathalie et moi avons donc décrypté ensemble cette rencontre improbable et l'avons mise en relation avec les différents éléments abordés durant la séance. La cage, c'était la prison de son frère, et le chat à l'intérieur, c'était son frère qui avait accueilli dans la lumière son petit chat blanc décédé quelques semaines plus tôt. Nathalie était transfigurée. Son frère lui transmettait son amour, il était libre désormais, plein de joie, il n'y avait plus de cage, plus de prison, plus de limites et il fallait qu'elle sorte cette image d'enfermement de son cœur, il l'y encourageait. Voilà. On pourra voir dans cet épisode un incroyable concours de circonstances. On pourra y voir la preuve d'une *synchronicité* chère à Jung. J'y vois davantage encore : son frère a littéralement *matérialisé* ce mendiant, que je considère plus comme un symbole de dépouillement intérieur que de pauvreté matérielle. Il est venu à sa sœur, non seulement par mon truchement, mais par celui de cet homme ! La synchronicité, qui se trouve partout dans le monde si l'on regarde avec l'âme, s'est faite chair pour elle, pour lui ouvrir les yeux. Et Nathalie a vu.

Corps, esprit, âme

Cette synchronicité des mondes m'a toujours fasciné. Elle m'a invité à réfléchir et à abandonner l'idée binaire de la séparation entre le corps et l'âme pour retrouver l'unité de trois éléments inséparables : le corps, l'esprit et l'âme. Notre âme est incorporée ici-bas ; mais cela ne signifie pas qu'elle est prisonnière de ce monde ni détachée de l'autre. Au contraire ! L'âme puise et dépense son énergie dans un monde comme dans l'autre. Elle a vocation à vivre harmonieusement dans toutes ses dimensions ; c'est son devoir intime de le faire. Depuis combien de temps considérons-nous que le corps est « le temple de l'âme » ! Selon le célèbre philosophe français René Descartes, le corps n'est que l'habitacle provisoire de l'esprit, qui s'en échappe à la mort. Cette conception cartésienne de l'homme et du monde, qui date du XVIIe siècle, nous poursuit encore aujourd'hui. Or, je pense que le corps et l'esprit sont en réalité *un prolongement de l'âme.* L'âme est conscience, énergie pure, et elle s'établit dans le monde comme un souffleur de verre, en grandissant à la fois dans notre corps et notre esprit. Au moment de notre mort, le corps rejoint la terre nourricière. Notre esprit demeure, lui – et c'est ce qui peut poser problème – peut se manifester après la mort, laisser son empreinte, etc. Notre âme, quant à elle, revêt à la mort son habit de lumière ; elle remonte à la pleine conscience et traverse simplement les mailles du tissu vers l'autre monde. On ne peut même pas dire qu'elle ne « périt pas », puisqu'elle ne connaît pas la mort. Ainsi, dans cette belle unité qui nous compose, le corps meurt, l'esprit demeure sous la forme d'une empreinte, et l'âme vit, éternellement.

Au moment même où elle s'introduit dans notre chair et notre esprit et jusqu'à la fin, notre âme dégage son rayonnement. N'est-ce pas ce qui nous émeut tant dans l'innocence du nouveau-né ? Qui sait voir ou percevoir l'âme constate que de chaque être humain émane un pur rayon de lumière. Certains jours, nous nous levons sans nous préparer particulièrement, nous nous habillons de façon sommaire, sans choisir, nous ne nous trouvons pas vraiment beau dans notre miroir et, par un hasard inexpliqué, tout le monde nous regarde dans la rue : nous plaisons, nous attirons. Pourtant, d'autres jours, nous faisons tous les efforts possibles et personne ne s'en aperçoit : on nous ignore, on ne nous remarque même pas. Pourquoi cela ? C'est qu'en réalité nous percevons sans le savoir chez l'autre cette étincelle, cette lumière : c'est notre âme qui rayonne ! Et lorsqu'elle se dégage de notre corps et de notre esprit, elle se contente de rayonner, de donner à chacun gratuitement sa lumière. Au contraire, quand elle est obstruée par l'épaisseur de notre matière et de notre vécu, ses rayons ne parviennent pas à illuminer le regard des autres. C'est pour cela qu'il nous faut libérer notre enveloppe charnelle et spirituelle.

L'âme de tout être humain sur cette Terre, tout autant que celle des animaux, est reliée comme un ballon entre ce monde-ci et le monde invisible. Et c'est pour cela que nous nous connaissons tous, de toute éternité. Et surtout, c'est l'âme qui irrigue notre esprit et notre corps. Elle irrigue notre esprit par des songes, des visions et des rêves, qu'ils soient psychologiques ou prémonitoires. La nuit, lorsque notre corps se repose, une partie de notre système nerveux, le parasympathique, prend le relais et assure les fonctions vitales du corps et, j'en suis persuadé, de notre esprit aussi. Pendant ce temps, les énergies du corps et de l'esprit, au repos, s'imprègnent des énergies plus subtiles. Elles s'apaisent. Ne dit-on pas que la nuit porte conseil ? La nuit, notre inconscient n'opère pas seul. Je pense que, tels les différents fleuves de la *Genèse* dans la Bible, il est constamment irrigué par notre âme qui, capitaine de vaisseau, s'implique dans la vie de son équipage, le corps et l'esprit. Il n'y a aucune séparation entre les trois, c'est un tout, de même que nous n'avons qu'un seul corps, composé de différents organes, indispensables les uns aux autres. Et lorsque nos amis invisibles viennent nous parler, c'est pour nous aider à « rassembler » ces trois « organes » indissociables, à faire rayonner notre âme, pour dégager notre énergie propre, celle qui nous alimente et nous soigne. Voilà, c'est en cela que les âmes qui nous parlent sont des *thérapeutes :* elles délient une énergie qui est en nous, libérant ainsi le pouvoir éternel de soigner notre corps et notre esprit.

Nos alliées, les âmes ?

Dans le domaine de la médiumnité, on parle souvent de « guides » pour désigner les âmes. C'est une belle métaphore, mais un peu désuète à mon goût. Sans la remettre en cause, je lui préfère le terme *d'alliées*. Elles forment avec nous une alliance. *Une Alliance d'amour où chacune des parties s'apporte entraide et libération*. Les âmes sont nos égales. Elles ne viennent que pour nous offrir leur aide, sans rien nous imposer ni demander en retour. Les âmes sont nos alliées de l'autre monde.

Ce qu'elles sont vraiment ? Elles me disent être de la conscience, de l'énergie pure. Ce n'est que dans le monde des vivants que l'âme connaît cette ambivalence caractéristique, entre bien et mal, Yin et Yang. Ce n'est que dans notre monde à nous, dans la compréhension spécifique que nous avons du monde, que l'énergie relève du bien ou du mal. Pour les âmes, ces catégories n'existent pas. Dans *Psychologie de l'inconscient*, Carl Jung précise que « l'énergie en elle-même n'est ni bonne ni mauvaise, ni utile ni nuisible ». C'est vrai. Sur le plan spirituel, il n'y a ni bien ni mal, je vous en reparlerai. Les choses ne sont pas bonnes ou mauvaises : elles *sont*. C'est nous qui donnons une couleur particulière aux événements. On pourrait même dire : dans le monde des vivants, il y a le bien que l'on se fait, le mal que l'on se fait, et c'est parce que nous nous faisons d'abord du mal à nous-mêmes que nous nous en prenons aux autres. Bien qu'elle soit indispensable à nos communautés, la distinction entre bien et mal devrait avant tout nous servir à nous lire, à nous appréhender nous-mêmes.

Je l'ai constaté à de nombreuses reprises : sorties de leur gangue terrestre, les âmes d'hommes et de femmes ayant beaucoup souffert dans leur fin de vie sont libérées. Il m'est souvent arrivé de transmettre des messages de personnes qui se disaient fatiguées de vivre. Je repense à ma grand-mère, qui est partie en pleine santé : à quatre-vingt-seize ans, elle en avait assez. Elle m'avait discrètement confié sa grande lassitude et, quelques jours plus tard, elle était enfin délivrée. Quelle joie de la savoir en paix ! Une fois qu'elles ont pris leur envol, les âmes réalisent, de façon lumineuse et fulgurante, ce que leur vie et leurs relations ont été. Ayant accès à toutes les informations, sans aucune limite, elles savent exactement quels éléments me transmettre pour soulager leurs proches. Et c'est pour cela qu'elles sont pleinement en mesure de nous aider, via mon relais, en assumant ce qui revient de leur histoire et de leur responsabilité dans les relations. À force d'entendre tous ces témoignages, je me suis convaincu que, dans sa phase ultime, l'âme accepte et décide, elle, de partir. Elle fait seule le choix de passer ce cap.

Au cours d'un déplacement en Alsace, j'ai eu l'occasion de rencontrer les deux petits-enfants d'un grand-père mort quelque quarante ans plus tôt dans des circonstances dramatiques. Militaire de carrière, il était en mission de longue durée dans les pays du bloc de l'Est, en pleine guerre froide. Pris à partie dans un règlement de comptes, il avait été victime d'une explosion et avait péri dans l'ambulance. En contact avec son âme, je me sentis peu à l'aise. J'avais donné la description assez précise de ce qui lui était arrivé. Mais je ne cessais de voir des documents officiels à son propos, comme des papiers d'État et, je me hasardais à dire « confidentiels ». Je vis ensuite une décoration lors d'un enterrement. Cette remise de médaille posthume ne sonnait pourtant pas très juste. J'interrogeai les consultants de sa famille qui s'excusèrent de ne pas m'avoir tout dit. Ils attendaient en fait de voir ce que j'allais leur dire, une sorte de test à l'aveugle. Mais ils étaient loin de vouloir me piéger, au contraire. Je découvris alors que le grand-père en fait était agent secret ! Que l'affaire de sa mort avait été étouffée par le gouvernement afin d'éviter un incident diplomatique… On baignait en plein film d'espionnage. La famille avait vécu tout ce temps dans le mensonge. Profitant de son poste dans une ville de l'ouest de l'Allemagne proche du mur de Berlin, le grand-père assurait en cachette le relais d'informations classées secret défense pour le compte de la France (il s'agissait de surveillance). Lors d'un déplacement, il était tombé au beau milieu d'un règlement de comptes entre une milice et l'armée, et sa voiture avait explosé. Cette histoire incroyable me laissa sans voix. Les petits-enfants souhaitaient prendre contact avec leur grand-père pour lui poser la question qui leur brûlait les lèvres : « Pourquoi avait-il caché la vérité à sa famille ? »

J'étais surpris de ne ressentir aucun regret chez ce grand-père qui avait vécu dans le plus grand secret. Il assumait tous ses actes. En effet, les émotions que je véhicule au moment de la consultation correspondent à l'état d'esprit de la personne *avant son départ*. Si elles portaient des regrets, des remords ou de la tristesse, je le sens. Notre « grand-père espion » avait servi son pays, avec un sens aigu du devoir. Et il avait reçu une médaille pour ces services rendus. Si la famille proche avait pu être informée de sa mission réelle, pour protéger le secret défense, les obsèques et cérémonies officielles avaient honoré le soldat, et non l'espion. Pour mes deux consultants, difficile de porter la croix de guerre de ce grand-père, militaire « classique », qui avait vécu le plus clair de son temps à l'étranger, laissant à sa femme seule la charge d'élever leur papa. Mais les messages que je leur transmettais étaient cohérents. Cet homme valeureux n'avait pas fui le danger et pour cela, ses petits-enfants étaient reconnaissants. Ils comprirent petit à petit que le choix de leur grand-père lui appartenait, qu'il était de l'ordre de la liberté et n'enlevait rien à son amour pour sa famille. Le destin qu'il s'était forgé, en tant que militaire et agent de renseignements, était sa façon à lui d'honorer sa famille. Peut-être le goût du secret et l'amour du risque l'avaient-ils conduit à cette double vie ? En tout cas, il régnait dans cette fin de séance une atmosphère pleine de douceur et de calme. Les deux garçons étaient soulagés, se sachant aimés et non plus trahis. Il ne m'appartient pas de juger ce qu'il est bon ou pas de dire. On pourrait penser : « À leur place, je lui en voudrais pour toujours. » En effet, c'est une option. Mais dans ce cas précis, une fois entré plus loin à l'intérieur de la vie de cet aïeul, il n'y a plus de jugement, seulement de *l'amour*. C'est ainsi : les âmes assument leur vie terrestre et nous poussent à leur pardonner, comme ces deux jeunes hommes ont pardonné à leur grand-père.

Évidemment, nul ne souhaite de gaieté de cœur quitter ce monde et je doute que l'on se dise, tout guilleret et par un beau matin : « Je m'en vais. » Mais n'oublions jamais que nous avons parfois tendance à résumer un peu à la hâte la destinée d'une personne : « Elle vivait isolée de tous, elle s'est renfermée, c'est logique qu'elle soit décédée seule » ; ou bien : « Son cancer, c'était son mari, ça l'a épuisée, c'est ce qui l'a tuée. » Dans des cas contraires, on s'exclame : « Une personne si bonne ! Pourquoi ce sont toujours les meilleurs qui partent les premiers ? », avec en tête la question qui nous taraude : « À qui le tour ? » Toutes ces pensées universelles, qu'il est naturel d'avoir au moins une fois dans sa vie, négligent le rôle qu'une âme a pu avoir dans la décision de partir. Or, nous ne sommes pas à l'intérieur de la vie de nos proches, quel que soit le degré d'intimité que l'on partage avec eux. On ne saurait juger en aucune façon les personnes qui ne peuvent, pour diverses raisons, « transformer l'essai », qui sont restées prisonnières, victimes de leur histoire. La vie, comme la mort, sont des mystères insondables, il ne nous est pas donné de tout savoir. En revanche, ce qui est certain, c'est que les âmes ont toujours leur raison juste et intime de partir et qu'elles ne regrettent jamais leur existence terrestre.

Reste l'énigme des catastrophes, des morts en nombre, des guerres, des attentats… Là non plus, je tiens à vous en prévenir franchement, je ne détiens pas la science infuse. J'ai bien conscience que tout relève de ma vision du monde, telle qu'elle m'est inspirée par mon travail quotidien. Mais je crois que l'âme, dans ces cas-là, participe à un dessein plus grand (c'est d'ailleurs le cas de l'âme de chacun). J'entends par là que son histoire personnelle va rejoindre une histoire collective, qu'il s'agisse du déraillement d'un train, du naufrage du *Titanic*, ou de la chute en mer d'un avion de tourisme. L'histoire de chacun lui est propre, elle s'inscrit dans un parcours, de la naissance à la mort, en passant par tout ce qui peut arriver dans une vie, mariage, naissances, joies et peines… Pour un praticien comme moi, qui suis confronté à des questions douloureuses et sombres comme la mort, le deuil et la perte, la survivance et l'éternité (toujours dans la lumière, je le rappelle !), les interrogations « difficiles » qui poussent la logique au plus loin, les cas limites en somme, sont monnaie courante. On me demande : et si ce que vous dites est vrai, si chacun a une âme, qu'en est-il des enfants décédés prématurément ? Qu'en est-il des handicapés, des suicidés, des déments ? S'il n'y a pour les âmes que lumière, comment expliquer le mal dans notre monde ? Qu'en est-il des guerres et des attentats ? Tous ces cas limites constituent des questions récurrentes dans mon métier. Je me les suis posées moi-même, et pas seulement dans ma jeunesse : je continue encore, chaque jour, de m'interroger. Même s'il y en a auxquelles je ne saurais répondre, les âmes, dans leurs messages, m'ont donné des éléments utiles pour en résoudre beaucoup.

Le suicide fait partie de ces phénomènes développés chez l'homme qui demeurent de tout temps inexplicables. Que deviennent les suicidés ? Certains imaginent que, dans la mort ou l'après-vie, un traitement spécifique leur est réservé. Pour certains, le suicide est un crime envers Dieu. On pense également très souvent que les suicidés ont emporté leur mal-être dans la mort et qu'ils cherchent soit à se venger soit à exprimer leur douleur dans l'après-vie… Vu de l'extérieur, mettre fin à ses jours est honteux et coupable. C'est évident, il faut tout tenter pour l'empêcher. Mais lorsque l'on se penche vraiment sur le sujet, lorsque l'on se libère de toute superstition et que l'on essaie d'aborder le problème avec les yeux de l'âme, cette question n'a pas de sens. Car du point de vue des âmes, qui sont dans la conscience et l'éternité, quelle différence y a-t-il entre une mort violente par accident et un suicide ? Le vrai problème vient du fait que nous plaçons la volonté de la personne vivante sur son âme : l'accident nous paraît involontaire et non mérité, par opposition au suicide qui nous semble volontaire, prémédité. Mais sur le plan spirituel, cette différence n'a pas de sens ! Toutes les âmes, quelles qu'elles soient, sont dans la *paix* et la *lumière*. L'âme d'un suicidé n'échappe pas à cette règle : elle est apaisée pour l'éternité et rien ne contredit son apaisement. Oui, le corps est mort, la personne est disparue, mais les âmes ne subissent pas cette disparition ; c'est nous, humains, sur Terre, qui la subissons. C'est à nous de faire notre deuil et d'accepter, *a posteriori*, la volonté ultime de l'âme. Ce choix nous paraît inexplicable, mais il a très certainement une intime raison d'être que nous ne pouvons pas critiquer. Il ne nous reste qu'à nous apaiser. L'âme, elle, a pris conscience de son existence une fois retournée dans la lumière.

Nous l'avons vu, certains cas mettent mes explications à l'épreuve. Comme celui des enfants nés et morts prématurément. Ces enfants qui n'ont pas eu le temps de voir croître leur corps et se construire leur personnalité, qui sont morts apparemment sans avoir reçu aucune empreinte de la vie, pas même un nom. Qu'en est-il de leur volonté ? De leur choix ? Je répondrai par un exemple. J'ai en tête la situation de cette cliente, Clarisse, qui pleurait un enfant perdu dans son ventre, quasiment à terme. Elle nourrissait depuis longtemps une folle culpabilité à ce sujet : les médecins avaient pourtant évoqué une erreur médicale. Comble de l'horreur, elle avait dû attendre plus d'une heure qu'on la délivre par intervention chirurgicale de ce poids mort dans son ventre. Qu'on la soulage de son propre enfant. On imagine aisément la souffrance de cette femme ! Cette heure d'attente avait duré pour elle une éternité. S'en était suivi, durant des mois et des mois, un questionnement en boucle : qu'avait-elle fait de mal pour que son enfant meure ? C'était sa faute... Elle cherchait sa propre responsabilité, alors que de toute évidence, elle avait suivi scrupuleusement les conseils des médecins. Alors qu'elle avait tant aimé son enfant… Lorsque nous nous vîmes, son enfant vint lui parler. C'était un petit garçon. L'infinie douceur avec laquelle il se manifestait m'émerveilla. J'avais le sentiment d'être un nourrisson, et c'était comme si, pourtant, je disposais de toute ma conscience : c'étaient là exactement les émotions qu'il voulait me transmettre, afin de nous faire savoir clairement dans quel état il se trouvait à présent. Quelle émotion de relayer un tel « état d'être » ! Clarisse fut bouleversée et versa des larmes de joie.

Comment vivre après une telle épreuve ? Ce sont des questions qui nous appartiennent, à nous autres vivants, des questions légitimes pour nous, mais qui ne concernent pas les âmes. Car, sur le plan spirituel, il n'y a *in fine* que ce que l'âme a voulu vivre. L'âme du nourrisson de Clarisse est venue lui parler, l'a remerciée de l'avoir portée neuf mois au creux de son ventre, « hébergée », accueillie sur Terre. Ce fut pour elle son seul travail spirituel. Son enfant a été comme une étoile filante dans notre monde. Nous ne savons pas pourquoi. Pour nous, il reste toujours une part de mystère. Mais l'âme, elle, le sait : elle possède sa raison intime. Un message d'amour tel que le sien est l'unique réponse que nous pouvons donner à la souffrance. L'amour ! C'est cet amour qui a soulagé Clarisse, alors qu'elle ne parvenait plus à avoir d'enfants. Après ce drame, elle les perdait tous au bout de quelques semaines, comme une malédiction. Mais il n'y a pas de fatalité ! Et aujourd'hui, au moment où j'écris ces lignes, j'ai appris que Clarisse avait donné naissance à un très beau garçon. C'est son message à elle qui m'a inspiré ces pages. Ils se portent tous deux comme un charme ! Quel beau travail ont accompli ici encore les thérapeutes du ciel !

Un autre cas limite m'a donné du fil à retordre, me demandant d'interminables explications : celui du sens des attentats. Étant Parisien, j'ai eu l'occasion de rencontrer une personne qui a été personnellement touchée par les événements tragiques du Bataclan, le 13 novembre 2015. Cette mère de famille, dont je tairai le nom, y a perdu son fils de vingt ans, tué d'une balle dans la tête tandis qu'il assistait au concert. Sa jeune sœur, qui y était également, en est sortie indemne. Comme si la douleur ne suffisait pas, cet effroyable drame a provoqué, dans l'esprit de cette mère, une série de questionnements dont la succession a fait boule de neige. Pour la mère et la fille, on s'en doute, les attentats ont été un choc effroyable, une empreinte émotionnelle dont elles auront du mal, je le crains, à se défaire. Sur le plan psychologique, une fois passé le temps de la solidarité et des actes de mémoire, des questions ont commencé à trotter dans l'esprit de cette mère en deuil. Pourquoi lui ? Pourquoi son fils était-il présent ? Combien de chances sur des millions avait-il de se retrouver coincé dans ce tombeau ? Pourquoi sa fille s'en est-elle sortie saine et sauve et pas lui ? L'avait-il mérité ? Tout cela a-t-il un sens ? Je crois que de telles questions demeureront pour toujours insolubles si nous persistons à les envisager avec nos yeux humains.

Il pourrait y avoir plusieurs autres exemples. Lorsque le pilier de la famille décède et que personne ne peut le remplacer, il arrive que tout le clan se disloque. Un tel événement, tragique, révoltant, peut révéler une nécessité profonde de transformation familiale. On a l'impression que tout pouvait durer comme avant, l'amour, l'unité de la famille, la cohésion. C'est vrai sur un certain plan de la réalité. Mais dans une réalité plus profonde, il s'agit de comprendre que nous sommes tous reliés les uns aux autres et que lorsque l'unité est brisée, c'est qu'il y en a une nouvelle à conquérir, une famille nouvelle à créer. Mutation. Certains tombent malades puis meurent, comme d'autres se suicident. Mais il n'y a pas d'échec en soi, l'idée d'échec étant bien trop terrestre et contextuelle pour s'appliquer aux choix des âmes qui ne périssent jamais. L'âme est immortelle, nous sommes immortels. La seule réponse que nous devons avoir devant la souffrance d'autrui est le respect. Le respect de l'autre dans ce qu'il vit, sans jugement d'aucune sorte. Que ce soit pour ceux qui restent ou ceux qui partent, nous devons faire preuve de bienveillance, d'une prudente humilité et je serais tenté de parler de véritable *charité*. Rien n'est jamais terminé et l'âme de chacun s'en va dans la joie. Soyons optimistes !

Histoire individuelle, histoire collective

Je me promenais ce matin dans les allées du très beau jardin du Luxembourg à Paris, et je voyais autour de moi un monde fou : promeneurs, joggeurs, parents avec leurs enfants, joueurs de tennis, fan de Qi Gong, nombreux touristes. Et je réalisais peu à peu, en observant ce petit monde, que chacun a une vie, avec ses joies et ses misères. Chaque personne a des pensées, des sentiments, des projets. Ici, ces deux amis qui font du footing en parlant de leur boulot ont, qui sait, une femme et des enfants à la maison, qui eux-mêmes ont leurs propres occupations… Là, un rendez-vous est donné. « Je rentre pour déjeuner. » Plus tard, des cousins se fixent un rendez-vous pour les Journées du patrimoine : « On se retrouve devant le musée à quinze heures tapantes hein ! » Autour de chacune de ces personnes évoluent de façon harmonieuse tous ceux qui leur sont reliés (on parle bien de « *relatives* » en anglais), vivants dans ce monde ou dans l'autre. Et comme chacun dégage une énergie propre, je suis sensible à cette énergie. Je la capte et je la traduis en mots et en émotions. Nous transportons nos proches à chaque instant, même s'ils ne sont pas présents physiquement, qu'ils soient sur Terre ou là-haut : en un mot, nous transportons notre histoire, et c'est cette histoire que je suis à même de capter. Et puis, un jour, l'amie ne vient pas, le compagnon de footing n'arrive pas au rendez-vous fixé, la mère de famille ne rentre pas du marché, on n'entend plus le père dans la maison. Et l'on apprend bientôt qu'il y a eu un accident, de train, d'avion, un attentat… C'est là que l'on comprend que notre histoire individuelle vient de rencontrer une histoire collective plus vaste et que l'on doit, pour saisir ce qui s'est passé, ouvrir au maximum nos écoutilles et notre esprit. Je veux vous livrer ici un témoignage emblématique des messages que je peux recevoir à ce sujet.

Angélique m'avait demandé une séance car elle sentait que cela pourrait lui faire le plus grand bien de comprendre la fin de vie brutale de son père. Au début, mal à l'aise, je ressentis une espèce de vertige, comme sur les montagnes russes des foires de mon enfance. On m'envoya l'image d'une petite valise qui flottait sur l'eau. Drôle de sensation. Avant de laisser s'exprimer ma cliente, je lui parlai de son père décédé : ce dernier la regardait de là-haut avec un visage illuminé, un sourire magnifique. Son papa aurait-il pris l'avion ? Aurait-il eu un accident ? Angélique acquiesça, les yeux pleins de larmes : son père était mort en Méditerranée dans l'accident d'un petit avion de tourisme, avec dix autres personnes. On avait retrouvé parmi les nombreux débris de l'appareil la valise de son papa, quasiment intacte, qui flottait paisiblement sur l'eau… Voilà qui donnait raison aux images que j'avais reçues. L'enquête avait conclu à une probable erreur de pilotage associée à un défaut dans la carlingue (prise d'air anormale). Le père d'Angélique me parla des fréquents voyages qu'il effectuait dans ce type d'avion qui reliait Marseille à des pays du Maghreb ou d'Afrique septentrionale. Il était négociant en produits alimentaires en gros, et surtout passionné par le continent africain. Il revenait souvent avec des cadeaux plein les bras pour sa fille et sa femme, et le demi-frère d'Angélique, né d'un premier lit. Dans ces cadeaux, je voyais des petites statuettes en ébène, et le travail semblait extrêmement soigné. En effet, me répondait la consultante, son papa adorait l'artisanat d'un village où il se rendait régulièrement. Pour son travail, Jean-François, son père, faisait l'aller-retour une dizaine de fois par an depuis de nombreuses années. Ce trajet lui était devenu familier, presque une routine. En l'espace de quinze ans, il n'avait jamais eu un seul problème, pas un seul incident, au décollage comme à l'atterrissage. Jean-François adorait sa famille, il était comblé et tout le monde vivait dans un état d'esprit bon enfant. Alors pourquoi ? Pourquoi ?

Vue avec des yeux humains, sa mort était d'une injustice flagrante. Pourquoi lui ? Et pourquoi eux, le reste des passagers et l'équipage ? Le papa d'Angélique répondrait-il à cette question du « pourquoi » durant la séance ? Or, dans sa réponse, il préparait sa fille à élargir sa vision des choses. Car pour répondre au « pourquoi », il nous confia qu'il fallait répondre au « comment ». Sur le plan de l'âme, les autres passagers et lui-même s'étaient donné rendez-vous ce jour-là. Un rendez-vous cosmique, si je puis dire, un rendez-vous de la conscience. Ce jour-là, Jean-François n'a donc pas exactement expliqué le « pourquoi » : visiblement, même nos charmantes âmes laissent parfois place au mystère et je crois que cela nous échappe totalement. Mais en répondant au « comment », il nous donna les quelques informations précieuses dont nous avions besoin. Dans ce rendez-vous des âmes, chacun allait basculer dans l'autre monde, avec son histoire personnelle, *et la somme de ces histoires personnelles allait créer une histoire collective.* Chacun s'était donné rendez-vous pour le grand départ.

Aussi affreux que cela puisse paraître à nos yeux humains (les miens inclus, je précise), cette tragédie dans la vie d'Angélique commença à prendre un sens dans son cœur. Non seulement son père lui assurait qu'il était dans la paix, mais il disait avoir peu souffert, tout étant allé très vite, comme une histoire en accéléré. C'est fou, mais ce n'était pas la première fois, loin de là, que j'avais ce genre de ressenti. Il semblerait qu'à l'approche de la mort, et quelle que soit la façon dont on disparaît, tout s'accélère, et ralentit à la fois, comme s'il y avait une distorsion de notre temps et de notre espace. C'est comme si la perception de notre corps et de notre esprit, notre état de conscience étaient modifiés. J'ai eu de très nombreux témoignages dans ce sens, que ce soit de personnes mortes d'un arrêt cardiaque très brutal, ou de malades en fin de vie. Reste que l'absence de son père avait ravagé le cœur de ma cliente jusqu'à ce jour. Et ces messages incroyables lui mirent un peu de baume au cœur. Elle prit conscience que son père, dans l'unité de son âme, avait pris rendez-vous pour ce départ, que d'autres que lui auraient péri dans des circonstances différentes, mais qu'il s'agissait *in fine* d'un rendez-vous collectif, d'un croisement exceptionnel de destins. Ces âmes ne se connaissaient pas sur le plan terrestre, mais elles devaient partir ensemble, pour continuer un voyage sur d'autres dimensions. Un voyage qui nous échappe. Mais, lui promettait son père, ils se retrouveraient tous, sa mère, son frère et elle, quand le temps serait venu. Pour l'heure, il fallait vivre, il lui intimait de vivre, avec cette belle mémoire d'une âme heureuse qui continuait son voyage, plus haut, plus loin, et qui ne connaîtrait plus jamais la mort. Angélique est repartie comblée, bouleversée mais comblée, et impatiente de partager les beaux fruits de cette séance avec sa famille.

Je trouve quelque part *rassurante* l'idée que notre passage ici-bas soit éphémère. Sur un niveau strictement humain, elle n'est pas tolérable. Mais si les âmes viennent communiquer avec nous, si le ciel s'ouvre à la terre, c'est aussi pour que la terre s'ouvre au ciel. C'est pour que nous abandonnions petit à petit nos attachements, que nous reliions toujours notre action et nos pensées à ce qui est plus grand que nous, à un idéal de vie, afin que chacune de nos actions soit empreinte de spiritualité. Empreinte de la conscience que nous sommes Un, avec nos histoires particulières. Les âmes nous montrent que notre destin singulier est toujours relié au destin commun. Elles nous conduisent à ce que nos projets ne restent pas seulement des projets de vie quotidienne, mais de vie en grand. Quittons nos espaces restreints ! Prenons conscience que nous sommes ici de passage, et que notre plus grand voyage est infini, que nous sommes tous reliés les uns aux autres ici comme là-haut. Je renvoie à l'exemple de cette mère de famille dont le fils a été victime des attentats du Bataclan. Sans cette assurance, donnée par son fils, qu'il évolue dans un monde parallèle au nôtre, sans cette conviction que son fils est en paix et qu'il l'aime, qu'il vit son voyage, son unicité, son individualité dans la joie, sans cette assurance, je ne vois pas comment l'on peut survivre à de telles tragédies. Nul ne peut tuer l'âme. Comme le décrit admirablement la psychanalyste et poétesse Clarissa Pinkola Estès, on ne peut détruire l'âme, « car l'âme est reliée aux autres âmes dans le grand Soi qu'est l'univers[1] ».

---

1. *Libérer la femme puissante*, Le Livre de poche, 2014.

Ah… il y avait également Marjorie, je dois vous la raconter. Elle aussi avait perdu son père. Dans d'autres circonstances, moins extraordinaires. Son papa était mort à l'hôpital des suites d'un cancer généralisé. Toute sa vie, Marjorie avait eu des rapports tendus, conflictuels, avec lui. Son père n'avait jamais accepté son orientation sexuelle et, comme il le disait, son « choix de vie », car Marjorie est homosexuelle. Mais la question qui me vint immédiatement fut : est-ce vraiment un choix terrestre d'être homosexuel ? Ce jour-là, le papa de Marjorie lui demanda pardon. Il n'avait jamais compris, il n'avait jamais pu admettre la sensibilité de sa fille. Jamais il n'avait toléré qu'elle se comporte comme un garçon manqué, qu'elle ait des habitudes masculines, un tempérament bien trempé. Lui, ce qu'il attendait, c'était une fille, c'était que sa fille se comporte « comme une femme » et qu'elle en devienne une sans discussion… Que de projections ! Que de stéréotypes ! Avec autant de préjugés, nous ne sommes plus capables que d'enfermer les gens dans des cases qu'ils n'ont pas choisies, d'en faire des parodies d'eux-mêmes… Mais revenons à Marjorie. Le chiffre 17 revint à plusieurs reprises pendant la séance : c'était cela, Marjorie avait quitté le domicile familial à 17 ans. Elle avait dû vivre à la dure, loin des siens, pour fuir la souffrance. En voulait-elle à son père de l'avoir reniée ? « Non, me répondit-elle. Je lui ai pardonné. » Pouvait-elle lui en vouloir d'avoir autant projeté ses propres attentes sur sa fille ? D'avoir raisonné avec ses propres filtres ? Non, définitivement *non* maintenant. « J'aime mon papa, et tout ce que je veux, c'est qu'il soit en paix. » Durant la séance, son papa donna même le prénom de la compagne de sa fille : Aurélie. Une façon pour lui de reconnaître l'existence que sa fille avait choisie, ses rencontres et sa nouvelle vie de couple. Demander pardon, pour l'âme de son papa, ce n'était pas tant pour se délier lui-même, comme s'il traînait encore les chaînes fantomatiques de la culpabilité. On l'a vu, les âmes sont dans la paix. Si son papa demandait pardon, c'est qu'il voulait dire qu'il était dans la Conscience, et y étant, il n'avait de cesse de vouloir aider, réparer sa fille. Son père s'est révélé un thérapeute exceptionnel. Son âme sait là-haut, de toute éternité, ce que l'âme de Marjorie est venue vivre ici-bas. Et quand on sait en toute Conscience, on ne juge pas : on *aime*. La dernière chose qu'il ait voulu du temps de son incarnation, c'était faire du mal à sa fille qu'il aimait envers et contre tout et qu'il aime avec davantage de pureté désormais. Malheureusement, quelque chose l'avait empêché de voir. Il avait ses propres œillères, son propre héritage familial, en fonction duquel il s'était construit, tant bien que mal. Son père demandait pardon de n'avoir pas su dépasser ses filtres.

Combien de témoignages malheureux de relations ratées, d'amours manquées, de reniements, de familles qui ne s'adressent plus la parole ! Combien d'individus cantonnés presque malgré eux dans un ciment d'ignorance et de haine ! Que de personnes à libérer ! Cette séance m'a fait comprendre quelque chose d'important. Alors que nous échangions avec Marjorie sur les difficultés que les êtres humains ont à vivre leurs différences, son père a repris la main sur notre entretien : il avait un message important. Il me faisait comprendre que ce n'est pas le rapport à la mère ou au père qui est *premier* (tel qu'on peut le voir dans les possibles « explications » à l'homosexualité, s'il en fallait !). Ce qui est premier, vraiment premier, c'est la sensibilité de l'enfant *qui naît avec cette différence.* Et l'expression de cette différence peut heurter le fonctionnement des parents et provoquer un rejet, un déni de sa propre famille. Dans le cas de Marjorie, sa différence, l'homosexualité, avait altéré le jugement de son père, le renvoyant certainement à des souffrances personnelles plus anciennes, qu'il n'avait su contrôler. En fin de compte, je crois que pour chacune de nos différences, nous exprimons dès notre naissance une sensibilité particulière qui doit être entendue et vécue. J'ai de nombreux témoignages d'amis ou de consultants qui vivent leur homosexualité de façon épanouie, dans une famille qui a parfaitement intégré cette particularité, sans jamais la (mal) juger. Rien ne sert de condamner : cette différence ne disparaîtra pas. En revanche, nous pouvons nous nourrir des différences de l'autre. C'est toute la richesse de notre humanité qui est en jeu, car ce que la nature a créé avec ces différences, c'est de la diversité. Les âmes vivent dans une parfaite harmonie et nous encouragent à œuvrer à une harmonie semblable dans nos relations. Tâchons de nous y employer ! Bravo à Marjorie d'avoir fait ce chemin du pardon et assumé sa vraie nature, au prix de tant de souffrances, en se reliant au grand soi. Un exemple pour nous tous.

La remontée des souvenirs

Je n'ai cessé de dire que les âmes baignent dans la lumière, qu'elles *sont* pure conscience. Mais face à la lumière, il y a l'ombre. L'ombre, c'est un terme que j'emprunte à Jung pour qualifier les choses (pensées, événements, rêves, émotions…) qui, sans être arrivées jusqu'à notre conscience, influent sur nos choix et notre vie. Chez ce penseur exceptionnel, l'ombre est un archétype qui symbolise tout ce qui, en nous, est ignoré par notre conscience, rejeté parce que *négatif*, et qui pourtant détermine notre comportement et notre personnalité. On pourrait comprendre l'ombre comme notre *doppelgänger* (notre double, en allemand), c'est-à-dire la projection dans l'inconscient, dans l'ignoré, de tous nos défauts et traumatismes. C'est elle, souvent, qui nous conduit à adopter des attitudes qui nous nuisent ou nous desservent. Il faut donc toujours œuvrer à faire remonter l'ombre à la lumière, l'inconscient à la conscience. Comme Jung le dit dans son ouvrage *L'Âme et le Soi :* « L'inconscient est rempli "d'étincelles", comme autant de conscience qui réclame à advenir. » Tout est dit : notre inconscient et, j'ajoute, notre corps renferment tous les deux les signaux nécessaires d'une conscience, l'âme qui cherche toujours à se réaliser. Que certains déclarent une maladie physique ou mentale, ils déclarent avant tout une problématique *d'incarnation* ; un problème qui vient de cette part d'âme oubliée qui aimerait se réaliser par et grâce à notre corps et notre esprit. *Dans la thérapie du ciel, les âmes viennent donc rappeler des souvenirs, des rêves, des désirs ou des traumatismes parfois enfouis ou oubliés. Elles viennent libérer l'ombre et la lumière.*

Une de mes clientes avait vécu des drames familiaux très lourds : son père l'avait souvent battue, et elle n'en avait jamais compris la raison. Ma cliente en avait gardé des traumatismes profonds. Elle vint me consulter, après la mort de son père, afin d'entrer en relation avec lui. Ce fut une séance où il y eut de la peine. Mais à mesure que nous avancions dans notre travail, son père confirma, c'était inédit, que le grand-père de ma cliente avait sexuellement abusé de membres de sa famille. Toutefois, sa honte et son ressentiment l'avaient contraint au silence. Ce que ma cliente avait pressenti toute sa vie se révélait donc à ce moment même *juste*. Son papa, conscient des méfaits de son propre père, n'avait jamais pu exprimer sa colère autrement que par ces éclats, autre forme d'abus, qu'avait subis sa fille. Il demanda pardon, au cours de la séance, et sa fille versa des larmes. À la fin, cette femme sortit rassérénée et heureuse de cette confirmation. C'est l'un des innombrables exemples de retours sur le passé que les thérapeutes du ciel suscitent à travers mon interface. Ils rappellent à la mémoire des événements ou traumatismes accumulés en strates et perpétués, sous différentes formes, de génération en génération.

Quel message d'espoir ! Les thérapeutes du ciel conduisent tout notre être vers la lumière. Les ombres de notre être aspirent à remonter à la conscience, à s'exprimer dans le but de guérir, ou même de *se* guérir, et c'est au cœur de notre être que, grâce à *l'émergence des souvenirs,* les âmes nous inspirent les changements nécessaires. Dans cette situation, elles se font thérapeutes. Cette émergence des souvenirs est très fréquente lors de mes consultations : je révèle à mes clients des épisodes parfois inconnus ou enfouis, oubliés de leur histoire. Mais ce n'est pas tout.

Je me souviens d'une cliente, d'une quarantaine d'années, qui souhaitait entrer en contact avec sa maman. Cette dernière est bien venue mais, assez rapidement, elle a laissé la place à un jeune homme qui s'est révélé être l'ami d'enfance de ma cliente. Celui-ci avait perdu la vie tragiquement dans un accident de moto vingt ans auparavant. Ma cliente m'avoua alors que cette histoire l'avait certes affectée sur le coup, mais qu'elle s'en était remise assez vite, car elle avait perdu de vue cet ami depuis belle lurette. Il n'y avait donc aucun mal, n'est-ce pas ? Pourtant, ce qui me frappait, c'était cette image récurrente que m'envoyait son ami : on les voyait tous les deux à vélo, gravissant une colline fleurie à la limite de leur village. Assis sur leurs vieux vélos, ils partaient vers le grand monde… Ils en avaient imaginé des histoires tous les deux ! On a des rêves plein les yeux à cet âge. Toute notre âme est là, fougueuse, libre, pleine de joie. C'est le propos que je tins à ma cliente. Surprise et non pas hasard, elle avait littéralement *oublié* cet épisode de son enfance. Elle se mit alors à sangloter. Toute une partie de son enfance remontait à la surface et, avec elle, certainement, des affections demeurées en suspens, des questions concernant sa place dans la famille. À travers ce souvenir « anodin », c'est tout le contexte de cette époque qui lui revenait brusquement à la mémoire. Nos souvenirs nous apparaissent comme figés dans le temps. Mais en réalité, les âmes nous apprennent à les replacer dans un contexte, et partant, nous permettent de nous libérer.

C'est que l'âme *sait* toujours !, tandis que, la plupart du temps, nous ignorons, nous, tout ou presque. La fameuse « douleur de l'âme » n'est pas une fatalité. Elle ne signifie pas qu'une âme est condamnée à répéter les souffrances traversées lors de son existence ou dans des existences futures. La douleur de l'âme est l'expression de son désir de se réaliser ici-bas. La locution populaire « errer comme une âme en peine » signifie en réalité qu'une âme peine à réaliser, à travers le corps et l'esprit qu'elle a choisi d'incarner, ce pour quoi elle est venue dans ce monde.

Transgénéalogie

Je pourrais réunir toutes ces réflexions autour de l'idée de la *transgénéalogie*. Un individu, une famille, tout comme un peuple, portent en eux la marque, les empreintes de tout un passé, qui ne les concerne, parfois qu'indirectement, mais qui ont des effets bien réels sur leur quotidien comme sur leur vie intérieure. Ces empreintes sont des non-dits générationnels, des violences, des images effrayantes nourries par les guerres ou les conflits de toute sorte qui existent dans nos sociétés, jusque dans nos familles. Elles revêtent d'innombrables formes et ont tout autant d'effets. On ne réalise pas que nos pays européens ont été le terrain de guerres épouvantables il y a seulement quelques générations, celles de nos grands-parents et arrière-grands-parents. Les guerres ont marqué au fer rouge les individus de l'époque, et ces empreintes sont passées jusqu'à nous de génération en génération. C'cst ce qu'on appelle la *transgénéalogie.* Elle désigne toutes les empreintes laissées par les événements sur les personnes qui nous ont précédés, et qui se transmettent de génération en génération, du moins si nous ne faisons rien pour les guérir. Effacer ces empreintes, voilà le beau travail que me proposent les âmes pour accomplir leur *thérapie du ciel.*

Voici une petite histoire. Un jour, une femme vient me voir sans intention particulière, simplement pour parler avec ses proches disparus. À mesure que la séance avance, cette dame me révèle qu'elle ressent une présence autour d'elle en permanence. Elle ne sait pas de qui il peut s'agir, mais elle le sent. Tout de suite, une arrière-grand-mère apparaît. Cette âme se révèle à moi comme une femme hautement indépendante ; elle a connu les années folles, la guerre, a flirté hors mariage, et me signale la présence d'un officier de l'armée. Femme d'une grande intelligence et d'un potentiel remarquable, elle s'est assagie par la suite ; elle s'est remariée, a eu des enfants, s'est dévouée à la grand-mère puis la mère de ma cliente. Bien que cette dernière n'ait quasiment pas connu son arrière-grand-mère, elle me dit rencontrer une problématique qui lui paraît insoluble : très indépendante, elle ne parvient pas elle-même à concilier sa liberté de penser et une vie affective et familiale épanouie. Je comprends alors qu'elle subit, comme tant d'autres, un *effet miroir générationnel.* Lorsque, durant la séance, son arrière-grand-mère évoque sa propre vie, en donnant force détails, ma cliente parvient sans problème à les valider. Elle comprend dès lors que son aïeule, qui n'a pas pu vivre véritablement sa liberté à cause des conventions sociales de l'époque (elle a fini sa vie dans l'oubli de la maladie d'Alzheimer…), se manifeste dans son âme à elle, comme si les deux âmes étaient en fait une seule, *mais vivant à deux époques différentes.* Depuis cette séance, ma cliente se trouve libérée, et en paix avec son histoire, comme si cette incarnation symbolique avait désormais réussi.

Purifier les empreintes des générations équivaut au nettoyage des écuries d'Augias. Cet épisode bien connu est le cinquième des douze travaux d'Hercule. Augias était un roi malhonnête et corrompu. Il possédait un troupeau de quelque trois mille bœufs dont les écuries étaient d'une rare saleté, tant le fumier s'y accumulait. La puanteur *se répandait partout* alentour et les pâturages étaient recouverts de bouse et de crottin, à tel point *qu'il n'était plus possible de planter ni de labourer* les champs. On imagine sans peine à quel point récolter dans ces conditions devenait impossible ! Dans le cadre des célèbres travaux qui lui incombèrent, Hercule réussit à nettoyer en un jour la totalité du fumier : il perça une brèche dans les écuries puis dévia le cours des deux fleuves Alphée et Pénée qui, se déversant à l'intérieur, les nettoyèrent de fond en comble ainsi que les vallées environnantes. Hercule passa l'épreuve avec succès. Bravo !

Mais nous, nous ne sommes aucunement des héros ! Il nous serait impossible de nous soigner de toutes ces empreintes en un jour. Ce travail essentiel est de très longue haleine. De ce point de vue, j'aime à donner une signification particulière aux douze travaux d'Hercule. Les mythes, d'une façon générale, parlent en filigrane de nos conquêtes, de nos luttes et de nos victoires sur nos démons intérieurs. Mais les mythes nous montrent surtout l'issue à des situations complexes dans lesquelles nous sommes enlisés, parfois depuis des années. Notre inconscient, tout comme notre corps, irrigué par les fleuves de notre âme (Alphée et Pénée, dans le cas de notre mythe) nous fournit les éléments indispensables à la sortie de crise. Nous sommes tous cet Hercule, aux prises avec nos démons intérieurs, affrontant des défis dépassant l'entendement, car notre vie, si elle peut nous sembler ordinaire, est une suite de travaux de prime abord insurmontables à effectuer. Et l'on ne peut pas plus échapper à ces travaux que continuer à vivre dans une maison sans l'entretenir : on est parfois bien obligé de lancer d'importants chantiers de rénovation.

J'aime beaucoup cette histoire d'Hercule. Elle me fait penser à un exemple emblématique que je vais vous livrer ici. Un client d'une cinquantaine d'années, Jérôme, était venu me consulter quelque temps avant Noël avec une demande un peu particulière. Il souffrait d'une forme de bronchite chronique dont personne, aucun docteur, aucune médecine, traditionnelle ou allopathique, ne parvenait à comprendre l'origine. Aucun des traitements essayés n'avait été probant. Dès le début de l'entretien, j'avisai son grand-père paternel. Un peu avant notre rendez-vous déjà, j'avais ressenti des douleurs juste en dessous des poumons d'abord, et ensuite à l'intérieur même, mais on me faisait clairement comprendre qu'elles ne concernaient pas mon client. Après avoir donné les détails habituels sur sa parentèle disparue, je me retrouvai (en image, bien entendu) recouvert d'une pellicule de suie, comme si je venais de passer à travers une cheminée ! Les douleurs dans mes poumons se firent alors plus vives, comme si quelqu'un insistait pour me montrer quelque chose. Je tiens à rappeler que ces douleurs ne sont pas les miennes : je ne souffre pas physiquement, mais je ressens la douleur de l'autre, *par voie d'empathie.* Ensuite, ma pensée opère les déductions nécessaires pour expliquer la douleur. C'est pour cela que je fais systématiquement valider mes sensations. Je demandai donc à mon client si mes informations étaient justes. Il approuva : son grand-père avait travaillé toute sa vie dans une usine de céramique et de porcelaine. Comme je toussais devant lui en me touchant les poumons, il me précisa que son grand-père avait contracté la *silicose*, une maladie qui recouvre les poumons d'une pellicule de suie. Je compris alors les symptômes que j'avais décrits. Son grand-père était mort des complications engendrées par cette maladie, comme s'il avait vécu au fond d'une mine de charbon.

Le père de mon client battait son épouse, et l'ensemble de la famille manifestait une irascibilité incontrôlable. L'illustration des écuries d'Augias s'applique à merveille dans cet exemple : aucun membre de cette famille ne parvenait à se débarrasser de cette violence presque instinctive, animale, de cette irritation que rien ne pouvait calmer. Si le grand-père était mort recouvert de cette couverture de suie, c'est bien qu'il fallait la nettoyer, évacuer cette empreinte et remettre de la vie là où la mort régnait en maître. Je m'adressai alors intérieurement au grand-père de ce Jérôme : que fallait-il faire pour évacuer cette colère ? Mais la seule réponse que j'obtins fut : « Je ne peux pas, je ne peux pas. » Mon interlocuteur fut saisi : c'est précisément ce qu'avait répété le mourant sur son lit d'hôpital ! En réalité, cet homme de devoir avait travaillé toute sa vie pour assurer la subsistance de la famille, et son fils, le père de notre consultant, avait pris sa suite en récupérant le même poste dans la même usine. Les revenus étaient maigres, et l'angoisse prenait littéralement le grand-père *à la gorge* à l'idée de ne pouvoir nourrir tout ce petit monde. La maladie s'était d'abord déclarée sur le pharynx. Passer sa vie à angoisser, transmettre cette angoisse sans l'avoir mise au jour ni l'avoir évacuée : il n'en fallait pas plus à son corps pour manifester une telle souffrance. Cette même angoisse avait empoisonné les relations conjugales de ses parents, se manifestant par des colères. À la lecture éclairante de ces éléments, la manière dont mon client les reliait entre eux (car ce travail-là ne m'appartient pas) permettait à son âme de s'exprimer à nouveau librement. Il comprenait que cette toux irrépressible était pour son âme un moyen de lui parler : « Laisse-moi sortir ! » lui rappelait-elle sans relâche. En venant me voir, il avait entrepris une démarche libératrice. Il avait « fait le job » et nettoyé ses propres écuries. Mais son grand-père aussi, par mon truchement, a accompli un travail thérapeutique remarquable, *une véritable thérapie du ciel*, offrant à son petit-fils, qui le cherchait, les clés pour sortir des griffes d'une histoire familiale sans fin. J'ai reçu par la suite un très beau témoignage de sa part. Il me remerciait de l'avoir aidé à reprendre sa route, dans la foi et la sérénité.

Un travail d'équipe !

Dans mon travail, c'est une connexion ultra-sécurisée qui s'établit entre les âmes et moi. Une sorte de « plugin » en fait, tout comme on brancherait une prise de courant. Cette connexion ouvre un vortex d'énergie, qui se répand à travers les émotions, irrigue le système nerveux jusqu'à la plus petite de nos cellules. C'est une douche énergétique. Nos cellules, qui sont bien vivantes, réagissent à l'appel, je dirais *au rappel*, de cette énergie qui nous habite de toute éternité. Alors nos comportements se modifient insensiblement, et nous prenons des décisions, nous orientons nos choix différemment, créant ainsi de la nouveauté dans nos vies, parfois sans même nous en apercevoir ! Et c'est valable dans tous les domaines : la santé, la vie affective, familiale, professionnelle… Il s'agit de changer l'énergie de notre être pour que tout en nous se transforme, car aucun domaine n'est séparé de l'autre par une vraie cloison. Tous sont liés en nous. Pour la même raison, nous reconnaissons intuitivement nos semblables, comme nos parents, nos amis, ou nos animaux de compagnie chers à nos cœurs. L'âme, notre âme, qui siège en nous, se souvient de tout ce que nous vivons et avons vécu. Au fond, elle *sait* déjà tout, il n'y a rien de magique dans tout cela ! Notre libre arbitre nous maintient dans des blocages, ou dans des processus inconscients d'autoprotection : il faut respecter cela au plus haut point. Nous disposons tous de systèmes personnels de défense qui sont des éléments d'une construction intérieure plus globale, et qu'il serait dangereux d'ébranler ou de détruire sans un suivi thérapeutique. Changer prend du temps, et rien ne sert d'aller plus vite que la musique. Étonnamment ou non, les âmes ne me transmettent que ce qui est nécessaire au jour de la séance. Il n'est donc pas si rare que des clients me soient adressés par des thérapeutes ou des médecins qui, eux, soignent le corps et l'esprit. La séance va permettre d'ouvrir un vortex, de transformer un mur infranchissable en porte. D'ouvrir un accès. Et si cette ouverture est accomplie à ce moment précis, c'est qu'il est temps de le faire. Je suis persuadé que nous autres, médiums, thérapeutes, médecins, avons un rôle global à jouer et qu'une guérison, quelle qu'elle soit, tout comme la genèse d'une maladie, est le fruit de plusieurs facteurs venant du corps, de l'esprit et de l'âme, qu'il s'agit de soigner *ensemble*.

En somme, c'est un travail d'équipe ! Ce travail, je le mène aussi bien avec l'assentiment et la participation de mes clients que d'autres thérapeutes doués d'aptitudes différentes des miennes. J'ai reçu à de nombreuses reprises des personnes qui m'étaient envoyées par des naturopathes, par exemple. Moi-même, je ne peux me passer de consulter le mien régulièrement. Cet homme, dont l'esprit est d'une ouverture sans égale, m'aide tous les jours à me nourrir de la meilleure manière qui soit. Travailler seul est une aberration et mène à une dangereuse prise de pouvoir sur l'autre. Ce travail que l'on nomme « holistique » est en train de renverser en douceur toutes nos certitudes et, j'en suis convaincu, prendra toute sa mesure au cours de ce siècle nouveau. Je rencontre déjà des médecins, anesthésistes, infirmières, des spécialistes dans les disciplines les plus variées qui dépassent le scepticisme, la routine des soins dits *classiques*, la plupart du temps parce qu'ils ont eux-mêmes été touchés par une expérience transcendante. On ne parle bien que de ce qu'on connaît vraiment avec le cœur.

Une de mes amies, magnétiseuse, m'a envoyé, il y a plus d'un an, une de ses clientes, Sandrine, atteinte d'un cancer perfide et tenace. Cette femme avait déjà accompli un travail admirable sur elle-même. Je le remarquai d'emblée, elle me le confirma : thérapie transpersonnelle, psychogénéalogie et même psychanalyse. Cela représentait des années de recherche, de questionnement, alliées à des soins conventionnels et à des séances de magnétisme, de *reiki*. Le moins que l'on puisse dire, c'est qu'elle ne ménageait pas ses efforts et tenait à la vie. Seulement voilà, son cancer progressait envers et contre tout. Il semblait « s'accrocher à elle », ainsi que je le lui dis au début de notre séance. Elle était venue me voir un peu en désespoir de cause, et avant même qu'elle ne me parlât, l'âme de son fils suicidé quelques années plus tôt se manifesta à moi. Elle me déclara qu'elle n'était pas étonnée, car elle avait très bien identifié les *raisons* de sa santé défaillante. Une partie croissante d'elle-même s'accrochait à ce fils disparu. On imagine aisément la tragédie que représente la disparition d'un enfant. Le deuil avait été atroce, elle l'avait vécu très seule, son mari s'étant complètement refermé sur lui-même à la mort de leur fils. Après ce bref échange de paroles, le vortex s'ouvre, la connexion est établie. L'énergie circule entre nous, tandis que monte en moi un merveilleux message d'amour. Les mots se forment, ils se « trouvent » instantanément et voici que son fils, par mon truchement, vient la féliciter de tous ses efforts. Il comprend que sa mère se trouve face à un mur de glace et la remercie d'avoir répondu à son invitation. Car il la suit de près depuis toutes ces années. « Je suis dans la paix et dans la lumière aujourd'hui, lui déclare-t-il. Toi aussi, maman, tu peux vivre en paix dans ton monde terrestre. » À cet instant, la mère ayant littéralement bondi sur ses pieds s'écrie : « Oh ! mais je ne demande que ça, moi, mais comment faire ? » C'est ici, précisément ici, qu'un nœud jamais délié se dénoue. Son fils lui donne sur-le-champ les éléments qui l'ont conduit à mettre fin à ses jours. Il aide sa mère à mettre des réponses sur des questions restées muettes. Il avait laissé un mot, avant de partir, mais un mot abscons, inconsistant et – je le confirmai à Sandrine qui l'avait pressenti – rédigé sous l'emprise de l'alcool. Son fils, que l'on appellera ici Pierre, assume totalement son geste. Il dit avoir agi par désespoir, dévasté par la rupture avec sa petite amie qu'il considérait comme son âme sœur. L'émotion dans la pièce était presque palpable.

Nous avons alors remonté le temps lorsque le grand-père maternel est apparu. Je tente de traduire ce qu'il me dit. « N'y a-t-il pas eu un cas de suicide dans la famille, longtemps auparavant, et pour des raisons analogues ? N'est-ce pas là une sorte de répétition ? » Sandrine comprend. En elle, tous les éléments se mettent en place, tout prend sens. « Mon fils est-il avec son grand-père ? » me demande-t-elle. « Assurément, ils veillent tous deux sur vous. » Cela faisait bien longtemps qu'elle n'avait pas été aussi tranquille et apaisée. Nous terminons la séance sur ces très belles retrouvailles... Deux mois plus tard, par un bel après-midi, je reçois un coup de téléphone de mon amie magnétiseuse. Elle m'apprend que sa cliente est retournée récemment voir le cancérologue et qu'à la surprise générale, son cancer a disparu ! La prochaine cure de chimiothérapie ne sera donc plus nécessaire. Sandrine est en *rémission complète*, ce que confirmeront de nouvelles analyses six mois plus tard. Les âmes de son fils et de son grand-père avaient ouvert une *porte* là où il n'y avait que des murs. Mais si, en apparence, le travail accompli avec moi a favorisé cette petite révolution dans sa vie, je n'en ai été en réalité que le déclencheur. Tout le travail personnel qu'elle avait effectué sur elle-même, toute l'aide qu'elle avait demandé, *car il est nécessaire de demander de l'aide*, tous ces facteurs avaient permis sa guérison, avec le secours et sous l'impulsion des *thérapeutes du ciel.* Nous sommes et pouvons être, concrètement, les uns pour les autres une chaîne vertueuse de guérison et d'amour.

Le deuil

Jour après jour, les thérapeutes du ciel nous épaulent dans nos deuils de quelque sorte qu'ils soient. Car il n'y a pas un type unique de deuil. Il y a celui d'un proche ou d'un lointain parent, il y a le deuil d'une situation ou d'un mode de vie, ou encore d'un amour ou d'une amitié. Bien souvent, les âmes viennent nous aider à faire notre deuil. Mais quand nous ne parvenons pas à nous en sortir, celui-ci peut se transformer en un attachement maladif, délétère pour nous. L'attachement à l'être aimé est normal, je dirais « humain » et, d'habitude, il est tout à fait sain. Mais il bloque parfois la personne et se transforme en dépendance qui empêche de vivre. Le deuil ne se fait pas. On reste plongé dans une souffrance qui se reporte ailleurs, sur les autres ou sur nous-mêmes, une profonde incompréhension, une absence de grille de lecture pour sa vie ou le monde, et un déchirement personnel... C'est comme si la maladie, dans la limite de notre être, était la seule forme possible d'expression. Ainsi, il y a des personnes (dont nous ne soupçonnons pas le nombre) chez qui la maladie, voire la mort, est due à une impossibilité de parler, de formuler leur mal-être ou leurs limites. Les thérapeutes du ciel leur apporteront parole et lumière et les aideront à accomplir leur deuil.

Ils nous inciteront à tourner la page, à sortir de cette image de peine et d'affliction en répétant inlassablement qu'ils sont *dans la paix*. Oui, l'incompréhension règne souvent autour de la mort de nos proches atteints par la maladie ou la décadence corporelle et mentale. Oui, il y a des destins tragiques, les hôpitaux sont remplis de gens qui souffrent et disparaissent sans connaître l'origine de leur souffrance. Pour nous qui restons, la douleur peut se révéler intolérable, consternante, on l'a vu dans plusieurs des exemples précédents. La mort, nous la voyons comme accrochée à nous telle une laisse ou une chaîne et, parfois, les souvenirs qui restent de nos proches sont ces fameux spectres, ces empreintes, ces mémoires émotionnelles qui se gravent dans nos vies comme leur nom l'a été dans la pierre. De la relation que nous avions avec eux, nous passons alors à l'attachement, sans en avoir forcément conscience… Je ne saurais dire combien il est important de savoir tourner la page. Cela ne veut pas dire oublier, loin de là, mais plutôt abandonner le lien, l'attachement à nos proches que nous ne pourrons plus jamais retrouver dans cette vie sous leur ancienne forme. Nous y sommes : tourner la page, c'est abandonner le lien de vie qui nous unissait à eux et apprendre à recréer un amour différent, mais aussi fort sinon davantage, qui s'échange d'âme à âme. Ce n'est qu'ainsi que nous, vivants, nous pouvons retourner à la vie sans culpabilité. Les âmes n'ont pas besoin que l'on s'attache à leur image vivante comme si elles vivaient encore : elles ne sont plus qu'amour, lumière, et ne connaissent plus le temps ni la mort.

En délivrant des messages d'amour, elles rompent en nous des attachements. Elles expliquent que ce ne sont pas nos aïeux qui nous barrent la route, ni nos parents ou nos proches. C'est notre attachement personnel à l'histoire, à notre histoire, notre lien à eux et la nature de ce lien qui provoquent des comportements nuisibles. Ces ressorts et ces tissus qui constituent l'attachement sont la plupart du temps inconscients (ils peuvent même venir de l'histoire familiale ou collective, dont nous n'avons pas conscience), et perpétuent un fonctionnement *délétère.* C'est pour cela que les thérapeutes du ciel viennent soigner notre attachement. Non pas le leur. Comme je le dis parfois prosaïquement : laissez les âmes où elles sont ! Elles sont dans la joie et la lumière, cela ne suffit-il pas ? Occupons-nous de nous-mêmes, c'est le plus important. Aucune âme, aucun « défunt » ne nous bloque jamais délibérément. C'est son image en nous, l'attachement à lui que nous portons *en nous* qui provoquent le blocage et qu'il faut soigner.

Je le redis : les thérapeutes du ciel nous montrent notre vocation à être dans *la relation* et non dans *l'attachement.* Si je suis dans la relation, c'est que je respecte en toute situation la liberté de l'autre, ce qui, en d'autres termes, veut dire être dans l'amour. Au contraire, si je reste dans l'attachement, c'est un lien de pouvoir et de puissance que j'entretiens. Ce lien avec nos proches, trop souvent, aspire à les enfermer. Ce sont les deux faces d'une même réalité. Comme le dit Carl Jung dans *Psychologie de l'inconscient* : « Le contraire de l'amour est la volonté de puissance. Là où règne l'amour, la volonté de domination est absente, et là où la puissance prime, l'amour fait défaut. »

Dans le cas d'un deuil, je vois bien à quel point cette décision est difficile ! Celle de laisser partir ceux qui nous ont quittés, comme si lâcher prise se révélait impossible. Tous les jours, des gens pleurent, inconsolables d'avoir perdu ceux ou celles qui étaient un pilier dans leur vie. Cela peut être révoltant, insupportable. Mais c'est la liberté de l'âme de pouvoir, quand elle l'entend, aller voguer vers d'autres cieux. Et c'est précisément notre acceptation de cette liberté qui va permettre *in fine* de faire notre deuil.

Il y a une dynamique primordiale qui représente le fondement de la relation : laisser l'autre *libre*. Lorsqu'on aime quelqu'un, on ne le retient pas, on le laisse aller : c'est le *let it go*, le *let it be* chanté avant nous. C'est cette liberté mutuelle, dénuée de toute suspicion et de tout enfermement, qui permet une relation durable et saine. Sinon, on reste dans l'attachement. Et l'attachement, c'est la dépendance mutuelle. L'amour vrai n'est pas dépendance, il ne peut être que *liberté*, ouverture, joie, lumière. Pendant et après le deuil, il y a donc une double dynamique de guérison. La première consiste à comprendre que les nôtres sont partis dans la paix, le soulagement et la joie. La seconde est de reconnaître que la raison de leur départ nous échappe et ne nous appartient pas. Cette double dynamique permet de donner un sens à la mort de nos proches ; j'en ai fait l'expérience tant de fois ! Aidés par la transgénéalogie, par le rappel de souvenirs enfouis et par l'amour inconditionnel de nos amis, nous pouvons de la sorte approcher d'un peu plus près le mystère de la mort, tout en donnant une énergie nouvelle aux aspects les plus importants de notre vie.

Et les thérapeutes, en pratique ?

En relisant ma vie et toutes ces expériences, je réalise chaque jour un peu plus que je n'ai pas de savoir-faire exact. Ce sont les âmes qui, tels des artisans inlassables, me transmettent les outils nécessaires à la construction de mes séances. On pourrait presque dire que cela fonctionne comme une psychothérapie, mais *à l'envers* ! Je précise, au début de chaque séance, que c'est principalement moi qui vais parler, en tout cas les dix premières minutes. Moins je dispose d'informations sur mes interlocuteurs, plus je suis objectif sur mes ressentis. Parfois, je vais jusqu'à éviter leur regard afin de ne pas être influencé par une attitude ou une gestuelle qui pourraient créer une ambivalence ou parasiter les messages. Tout le monde ne le sait pas, mais la canalisation des émotions nécessite une grande discipline ! Il est capital de discerner ce qui m'appartient de ce qui est destiné à mon client. Ensuite, la *validation* est une étape essentielle, car elle me permet d'établir un canal par lequel pourront circuler les émotions. Chez un psychologue, les patients sont invités à se dévoiler afin de permettre au thérapeute d'identifier puis reformuler des problématiques. Dans mon cabinet, je commence la séance avant d'ouvrir le dialogue avec le client. Je sais que certains brûlent de me raconter toute leur histoire ! C'est tellement naturel. Mais je leur demande de la garder pour la fin de la séance, au moment du partage d'impressions et de ressentis. C'est ainsi que je peux transmettre les informations avec toute leur fraîcheur.

Je procède selon ce même principe que ce soit avec les célébrités, dans le cadre de la série sur le Web, ou les clients dans mon cabinet. Et je fournis à tous, sans distinction, le même genre de détails personnels ! Avec Laurence Boccolini, qui a participé à *L'Interview Médium*, je me rappelle avoir évoqué, notamment, une petite pièce carrée sous l'escalier de la maison où elle se réfugiait dans son enfance. Ce petit lieu dérobé lui permettait d'échapper, un instant, aux disputes, aux hontes ou aux punitions. Durant l'entrevue, Laurence me confirma qu'en effet, à cet endroit précis, on ne pouvait pas l'attraper pour lui donner une fessée ! Et dans son cœur elle avait préservé ce lieu, comme un refuge. Les âmes lui ont alors suggéré d'enlever cette défense désormais mentale (cet abri matériel était devenu spirituel), car elle n'avait plus rien à craindre. Laurence en fut tellement soulagée ! À la fin de l'entrevue, elle m'avoua n'avoir jamais parlé à quiconque de cette cachette. C'était un détail qu'on ne pouvait trouver dans aucune biographie, sur aucun site Internet. Chère Laurence !

Les âmes désirent nous aider à délier des nœuds parfois anciens qui n'ont plus lieu d'être. Elles ne viennent pas forcément nous parler d'un lien qu'on avait avec elles ; tous les sujets peuvent motiver leurs messages, même ceux qui nous semblent insignifiants.

J'ai en mémoire une jeune femme qui était venue me voir car elle était soucieuse de son évolution personnelle. C'est sa grand-mère qui m'apparut au cours de la séance. Avec son aide, je suggérai à ma cliente l'idée suivante : « Vous ne parvenez jamais à finir les choses, comme s'il manquait toujours un toit à votre maison. » Et là, ma cliente éclata de rire : il manquait réellement une partie du toit à sa maison !

Non qu'elle et son compagnon n'aient eu les moyens de terminer la toiture, mais ils ne trouvaient jamais le temps de s'en occuper. Je lui conseillai donc d'étudier de près cette procrastination car, de toute évidence, c'est ce qui provoquait le ralentissement dans sa vie. À la fin de la séance, elle décida de franchir un cap et de se confier à moi : elle rencontrait des difficultés à s'engager fermement dans une voie. Son ami et elle formaient un ménage heureux depuis cinq ans, mais elle ressentait un blocage à l'idée d'aller plus loin, de se marier et… de terminer leur maison. Sa grand-mère, décédée toute jeune, avait elle-même laissé un goût d'inachevé dans sa vie. Partie trop tôt ! Voilà qui éclairait d'un jour nouveau la peur de l'engagement de ma cliente. Réconfortée par son aïeule, ma cliente put alors entrevoir sa vie d'une façon résolument inédite pour elle. J'ai pu apprendre, l'année suivante, que le jeune couple avait prévu de se marier et que les travaux de cette fameuse toiture arrivaient bientôt à leur terme.

Je vous le dis, ce type de témoignages est leur marque de fabrique : les thérapeutes du ciel n'hésitent pas à mettre en relation ce que nous vivons à l'intérieur (dans cet exemple la peur de s'engager) avec ce qui se passe à l'extérieur (la toiture jamais terminée). Ils mettent en évidence la correspondance qui existe toujours entre ces deux plans, le visible et l'invisible, le concret et le spirituel. N'est-ce pas merveilleux ? La métaphore est un de leurs moyens d'expression favoris. Car tout ce qui existe en ce monde est le reflet d'une *architecture invisible*, sûrement bâtie et organisée par une force supérieure et dont les âmes, (bien placées pour le savoir !), viennent nous dire de temps à autre quelques mots. C'est donc ainsi que je travaille et que les messages arrivent à ma conscience. En me donnant des informations sur l'environnement concret de la personne, les thérapeutes du ciel invitent à faire le lien entre différents éléments dont le sens ne nous apparaît pas du premier coup.

Car tout ce qui se passe pendant la séance a un sens. Et tout ce qui m'apparaît *passe par un sens* – vue, ouïe, toucher… J'obtiens souvent des prénoms, des lettres ou encore des chiffres, que je peux entendre ou voir. Les informations peuvent traverser mes cinq sens. Tantôt j'entends un bruit, au fond de mon oreille. Tantôt, c'est une image qui me saisit et se dissipe. À d'autres moments, je suis pris par des sensations relatives au toucher, au sens large : mon oreille ou mon œil chauffe, ma main est froide, mon pied ne répond plus… Quoi qu'il arrive, tout a toujours un sens. En général, je ressens certaines émotions et c'est à partir de celles-ci que se forment les mots et les phrases qui vont prendre tout leur sens lors des conversations. Et le travail ne se limite pas à la séance. Il arrive que des personnes ne valident pas, ou ne valident que partiellement les informations qui leur sont transmises. Et, une fois rentrées chez elles, un jour, une semaine, un mois plus tard, *tout fait miraculeusement sens.* L'âme comprend tout et ne cesse de creuser la brèche. Pour l'âme, tout a pris sens *spontanément.*

Que de spontanéité !

On l'aura compris : toutes les informations que je reçois de là-haut viennent *de manière spontanée*. C'est la règle d'or. Si je commence à chercher des informations ou à réfléchir sur la personne, si je me mets à analyser son comportement ou à discuter avec elle pour la comprendre, je me coupe de l'intelligence de l'âme. Mon cerveau analytique prend le relais et je passe à côté de l'essentiel. C'est, souvenez-vous, ce que mon expérience aux États-Unis (parler dans une langue étrangère) m'a permis de comprendre. De plus, les messages des âmes ne suivent pas une logique scientifique ou mathématique… Chaque personne qui me visite de là-haut vient avec sa logique propre, sa personnalité pourrait-on dire, tout comme chaque être humain. Il est impossible pour moi de reproduire selon un système ou classer dans des catégories un certain type de messages pour une certaine catégorie de personnes. Impossible. Là, j'irais droit dans le mur ! En revanche, la validation est un bon moyen de vérifier si ma dynamique est *juste*. Lorsqu'une personne reçoit sans hésiter les émotions que je lui transmets, tout va pour le mieux. C'est signe que j'ai traduit efficacement le message. Dans le cas inverse, je demande des éclaircissements à mes alliées : est-ce moi qui raisonne ? N'ai-je pas – ou mal – capté ce que vous me transmettez ? Ai-je traduit l'information dans de mauvais termes ? Je le fais très régulièrement et on me donne souvent les réponses. Ainsi, je me renouvelle à chaque séance, portant un regard neuf sur chaque personne et prêtant une oreille « vierge » à chaque âme. Tout doit être naturel et spontané.

Je suis parfois gêné par des « interférences » qui peuvent provenir du consultant lui-même et de ses attentes. Si un consultant m'annonce à brûle-pourpoint, au début de la séance : « Je suis venu pour une personne précise et j'attends qu'elle vous donne son prénom », je ne vais pas m'ouvrir et écouter. Sous tension, au contraire, je vais me mettre à *chercher* et à *réfléchir*, ce qui est contre-productif.

Il m'arrive alors de tomber en panne, si je puis dire. Parfois, par chance, la réponse arrive avant que je ne me mette à chercher, mais cela se joue en moins d'une seconde ! On imagine mal le nombre de personnes qui défient les médiums, faisant dépendre leur confiance d'un résultat immédiat. Car, la plupart du temps, les attentes sont du ressort de la superstition. « Si je demande à mon père de venir, et que le médium cite son nom, alors mon problème se résoudra », se dit par exemple un client avant le début d'une séance. Or, les âmes n'apprécient pas ce genre d'ultimatum. Elles n'aiment pas devoir satisfaire à une attente. Elles sont là pour aider ceux qui sont prêts à s'ouvrir.

Il existe donc quelques rares rencontres où, à cause d'attentes excessives, le client peut être déçu. Le meilleur exemple qui me vient est celui d'une cliente d'origine italienne, Francesca, qui avait perdu sa maman, trois ans et demi plus tôt. Cette dame était inconsolable, son cœur brisé. Elle alternait entre des périodes de vide intense, à la limite de la dépression, et des périodes de calme et de résignation. Francesca vivait dans un attachement quasi morbide à sa mère disparue. Ce cas de figure n'est pas rare. Et tellement compréhensible ! Parfois, notre rapport à nos proches était si fort sur cette Terre qu'on ne parvient jamais à se relever du deuil. Francesca entrait alors dans la soixantaine. Elle était arrivée chez moi très émue, tremblante, tant le stress de parler à sa maman l'envahissait. Je la rassurai, l'informant du déroulement de la séance, et ajoutant que si c'était trop dur pour elle nous prendrions notre temps, et que même, au besoin, nous arrêterions l'expérience. Ce fut en premier lieu, et *contre toute attente*, son grand-père paternel qui se manifesta. Bien qu'elle l'aimât tendrement, Francesca balaya d'un revers de la main toutes mes informations et le début de message que je tentais de lui transmettre. Elle niait. Car elle attendait quelqu'un d'autre. Ce qu'elle ne comprenait pas, c'est que la première personne qui se manifeste est là pour « ouvrir la porte ». L'ordre d'apparition lui-même est hautement significatif ! Je pense qu'elle avait une vraie délivrance à attendre et à accueillir de son grand-père, mais je n'ai pas réussi à lui faire cette place dans le cœur de Francesca. Finalement, après un petit cafouillage, sa mère est venue et m'a donné force détails : dates, prénoms, anecdotes. Mais ce n'était toujours pas suffisant ! « J'aurais aimé que maman me parle du passé, comme avant... » L'attente était si forte ! On me demandait l'impossible. Sa mère lui donna cette magnifique réponse : « Ma chérie, je suis partie, je suis libre, toi aussi, sois libre dans ta vie ! » Mais Francesca était incapable de l'entendre. Elle voulait tant sa maman qu'elle en méprisait les messages, négligeant ainsi le travail intérieur pourtant fondamental. Je pense que son grand-père était venu pour tenter de la rassurer ; il voulait lui présenter sa maman, heureuse et dégagée, *libérée*. J'aurais pu lui transmettre davantage de la part de sa mère, mais son attachement excessif, ses attentes morbides masquaient, comme les larmes troublent la vue, les mots tendres qu'elle espérait. Francesca, ce jour-là, est repartie un peu déçue, bien que rassérénée. Je ne peux faire revivre les morts, même pour un instant. Les âmes ne sont plus les personnes qu'elles étaient avec nous, du temps de leur vivant. Le corps a disparu et désormais leur âme vibre autrement, et il nous faut les écouter d'une manière différente aussi, *avec notre âme*.

À partir de là, une question doit être sur toutes les lèvres : et que se passe-t-il, Bruno, quand une personne ne valide rien ? Quand une personne me dit, un peu dépitée : « Ça ne m'évoque rien Bruno, je suis navrée », ou alors : « Ce nom me rappelle quelque chose, mais je ne saurais dire quoi » ? Au tout début de ma pratique, je me mettais moi-même en cause. Je cherchais ce qui avait pu clocher, ce que j'avais pu mal faire ou exprimer, m'accablant chaque fois de reproches. Je m'imaginais que certains jours étaient plus fastes que d'autres et que, tout compte fait, la chance entrait un peu en ligne de compte. Je me souviens bien de Blandine, une vétérinaire venue de province pour me rencontrer. Tandis que je lui donnais une première série d'informations, je vis sa moue dubitative : mes paroles ne trouvaient aucun écho en elle… J'en éprouvai à la fois de la culpabilité et de l'irritation. « Je ne peux pas être à sec à ce point-là ! me disais-je. N'y a-t-il donc aucun message ? Ai-je trop raisonné, pas assez écouté ? » Je tentai alors de lui fournir des détails, de ratisser mes émotions et mon intuition d'une façon plus large. En temps normal, lorsque je reçois un message et qu'il n'est pas validé du tout, les âmes reviennent sur le sujet un peu plus tard ou d'une manière détournée, comme si, la porte étant fermée, elles cherchaient à passer par la fenêtre ! Avec cette cliente, on tournait en rond, et je finis par lui annoncer que la séance était terminée, faute de validations… Je la sentis déçue et c'est peu dire que je l'étais moi-même. Il y eut un moment de latence, où nous étions tous deux plongés dans nos pensées. J'en profitai pour insister auprès de mes amis là-haut, et c'est alors que je reçus de nouveau des informations, liées cette fois à son père, encore en vie. Je pensais approcher du but. Pourtant, nous aboutîmes au même résultat, rien ne fut validé. Fin de l'histoire. Imaginez comme je m'en suis voulu ! Et imaginez quel ne fut pas mon étonnement lorsque, une semaine plus tard, notre vétérinaire m'envoya un e-mail où elle déclarait, triomphante, qu'elle avait tout compris ! Tout avait pris sens, et elle sollicitait un nouveau rendez-vous, cette fois en compagnie de son père. Elle savait qu'il y aurait beaucoup à dire pour lui, et par ricochet, pour sa propre vie à elle. De beaux messages allaient sortir de cette nouvelle séance. Ce fut un *happy end*, si l'on veut, une fin heureuse pour nous deux, même s'il n'en est pas toujours ainsi. Aujourd'hui, ce cas de figure est très rare, et j'ai appris à me faire une raison : personne n'est infaillible !

Mais il arrive encore que toute la famille débarque, hormis la personne attendue. Quelle frustration ! Et pourtant, c'est significatif. Ou pire, qu'aucune âme ne se manifeste. Les âmes peuvent-elles, elles aussi, être « à sec » ? La réponse est non : le problème vient toujours de nous. Par ailleurs, j'ai déjà reçu des visites, mais pas pour mes consultants du moment, ou perçu une âme pas du tout attendue. Une sorte d'imprévu total. Comme je ne décide pas des connexions ni des contacts, il me faut dans ce cas-là expliquer au consultant ce qu'il se passe. Déjà, c'est à savoir, l'absence de contact ne signifie pas que les âmes refusent de nous parler. Nous devons plutôt nous dire que nous ne sommes pas *prêts*, que le moment n'est peut-être pas opportun.

Sylvie, une femme du sud de la France, était venue me voir. Je sentais bien qu'elle attendait avec impatience une rencontre avec son défunt mari, car ils s'aimaient de tout leur cœur. Le problème fut que plusieurs membres de sa famille se manifestèrent de concert : son beau-frère, sa tante, deux de ses cousins ; il y avait foule ! Bien sûr, ma cliente était ravie d'entendre leurs beaux messages, ravie aux larmes. Mais de mari, point. Sa mère fit alors son apparition : elle la remerciait chaleureusement de toute l'aide qu'elle apportait à sa sœur atteinte d'une maladie invalidante.

« Tout le bien que tu lui fais, c'est à moi que tu le fais. » Ce fut le message. Et quelle émotion ! Ma cliente était la troisième d'une fratrie de quatre sœurs, mais elle seule s'occupait vraiment de la malade. Ce n'était pas que sa mère en nourrissait (*sic*) un quelconque ressentiment. Il n'y a aucune forme de jugement là-haut. Mais nos amis de l'au-delà ressentent instantanément et sans filtre nos manques d'amour. Ici, il y avait un sacré déséquilibre entre ma cliente qui faisait tout pour aider sa sœur malade et ses autres sœurs qui semblaient tout bonnement l'ignorer. La maman avait occupé presque tout l'espace de cette séance pour mettre en exergue l'injustice de la situation : Sylvie se consacrait à sa sœur et passait ce qui lui restait de temps à pleurer son mari. Ce dernier s'était donc comme « effacé » pour que ma cliente puisse entendre les beaux témoignages de l'autre monde. On peut dire que les âmes ont du tact. Enfin, il est rarissime que je ne reçoive aucun message, aucune visite.

Dernier point… On me demande souvent, avant la consultation, s'il ne faut pas faire quelque chose pour se préparer, s'il ne faut pas apporter un objet en particulier, penser à une personne spéciale, prier, demander quelque chose au ciel ou nourrir une émotion précise qui serait ainsi plus forte lors de la séance. Je réponds en général que je ne travaille pas vraiment avec les photos ou objets des défunts. Cependant, très souvent, avant de me rencontrer, mes consultants prient leurs défunts de se manifester durant notre séance. Et c'est une très bonne idée ! D'autres, nombreux, revoient au préalable leur arbre généalogique, soit qu'il y en ait un, matériellement, soit qu'ils fassent un effort pour se souvenir des prénoms, noms, dates et événements marquants. Ce n'est pas non plus obligatoire, mais c'est intéressant, dans le sens où de tels efforts permettent de s'ouvrir le cœur, de se préparer à accueillir la parole de ses ancêtres ou de ses défunts. J'ai le souvenir de Roland, un homme dans la fleur de l'âge, très élégant, qui avait fait cet « exercice » juste avant notre rencontre. La séance fut passionnante ! Je vis des gens de cour, des vêtements, des salles et des fauteuils du XIXe siècle, un bureau sur lequel une carte d'état-major avait été fixée et où figuraient des petites pièces d'artillerie, des toilettes de femmes raffinées… Nous étions remontés à l'époque napoléonienne ! Et je crois que le simple fait, pour Roland, de s'être préparé avait rendu son esprit disponible aux âmes de ces ancêtres ayant vécu en ces temps si lointains.

Pas de prédictions !

Même s'il m'arrive de prévoir certains événements, je ne dis pas que je suis un *voyant*, car je ne lis pas l'avenir ou le passé au sens divinatoire du terme. Il n'est pas rare pourtant que des personnes me demandent ce qui va leur arriver. Quand j'étais plus jeune, je n'avais pas accès au monde invisible avec l'acuité d'aujourd'hui. Comme je m'en suis expliqué au début de cet ouvrage, j'ai longtemps tiré les cartes. Et, par glissement naturel et parce que les gens insistaient, j'extrapolais sur le futur. Qu'allait-il se passer dans la vie de la personne ? Quand et pour quelle raison allait-elle mourir ? Tomberait-elle amoureuse ? Obtiendrait-elle un meilleur emploi ? Toutefois, je ne me suis jamais senti à l'aise avec ces pratiques.

J'ai fini par comprendre que, derrière la volonté de connaître leur avenir, la plupart des gens cherchait *une issue* à leurs problèmes personnels. Comment se sortir de cette relation, comment gagner mieux ma vie, comment régler mes problèmes avec telle personne, comment aimer, comment oublier ? C'est ce qui m'a conduit peu à peu à dire que le présent, dans la médiumnité, compte davantage que l'avenir. Je voudrais vous raconter ici l'histoire de Mathilde, une jeune femme de vingt-deux ans qui était venue du nord de la France pour me consulter. On me disait là-haut, apparemment, qu'elle était célibataire et avait souffert de solitude pendant très longtemps. Je rentrai au cœur des détails de sa vie, sans prédire aucunement l'avenir, au moyen de plusieurs messages qu'elle valida. D'habitude, les personnes qui viennent me voir connaissent la teneur de mon travail, mes méthodes et mes convictions. Mais il y a toujours cette petite attente, nichée au coin de l'esprit, que je lève par hasard une partie du voile… Lorsque nous fûmes parvenus à la fin de la séance, je sentis qu'il y avait encore quelque chose à dire. Je demandai alors à ma cliente si elle avait consulté quelqu'un avant moi. Mathilde m'avoua alors que, quelques mois plus tôt, elle avait rencontré un numérologue « très fort ! » qui lui avait raconté toute son enfance rien qu'en maniant les nombres de sa vie. C'est certain, la numérologie peut se révéler très instructive. Mais le visage de ma cliente se rembrunit aussitôt : « Il m'a également annoncé que je ne rencontrerais personne qui me conviendrait avant cinq ans. »

Jusqu'ici, tout semblait normal. Seulement, il y avait anguille sous roche. Je creusai. J'appris alors qu'entre-temps, Mathilde avait fait la connaissance d'un jeune homme dont elle s'était fortement éprise. Leur relation ne demandait qu'à s'épanouir ! Elle était paniquée à l'idée que cette relation soit vouée à l'échec, conformément aux prédictions de ce fameux numérologue. On mesure bien ici l'ampleur du désastre. Comble de l'aliénation, ce numérologue avait fait valider par Mathilde ses principaux traits de caractère, les composantes de sa famille, les grands événements de sa vie, et ainsi de suite. Ce qui donnait bien sûr du poids à la prédiction. Car enfin, si elle avait rencontré un charlatan, elle en serait ressortie avec un bon fou rire. Mais là, le mal était réel. En effet, c'est une évidence : si un parfait inconnu vous révèle des détails intimes de votre vie et de votre esprit, vous allez lui prêter l'oreille, lui accorder votre confiance. Dans le cas de Mathilde – il n'en est pas toujours ainsi –, je me suis totalement opposé à la prédiction. Toutes les émotions que mes amis là-haut m'envoyaient disaient l'inverse ! Elle pouvait vivre sans inquiétude sa relation avec cet homme. Je l'ai donc rassurée et encouragée à croquer à pleines dents cette nouvelle relation.

À force d'avoir vécu ce genre d'événements, et après m'être moi-même trompé plusieurs fois, j'ai décidé une fois pour toutes de ne plus prédire l'avenir. Et mes alliées de là-haut ne m'ont envoyé qu'approbations et assentiments. Il faut le dire : *les âmes n'envoient pas de prédictions.* Elles n'apportent leur aide qu'au présent, si l'on peut parler ainsi. Elles ne s'occupent du passé que dans la mesure où il influence le présent et, de la même manière, elles ne s'occupent de l'avenir que dans la mesure où celui-ci peut être provoqué par des éléments du passé. Il leur arrive certes de nous mettre en garde, mais comme je l'ai dit, c'est dans le parfait respect de notre libre arbitre. Et de fait, si votre avenir peut être influencé, parfois grandement, par des fonctionnements du passé, au point de provoquer ou empêcher rencontres, accidents, événements de toute sorte (depuis la signature d'un contrat de location à un licenciement), il faut aller travailler à la source, afin de permettre à l'énergie de se redéployer dans un cercle vertueux. Il n'y a pas de fatalité !

La bonne nouvelle, c'est que nous sommes aidés par nos amis invisibles, et que ceux-ci disposent de davantage de ressources qu'il n'en faut pour nous surprendre et, par mon truchement, pour nous replacer sur notre chemin. Ce n'est que dans cette perspective que les âmes m'envoient, parfois, des informations relatives à l'avenir : afin de conforter les changements qu'opère la personne dans sa vie, afin de lui dire qu'elle se trouve sur la bonne voie.

Dès lors, à défaut de mieux, l'appellation la plus satisfaisante pour ma pratique est celle de *médium*. Je suis une *passerelle*, une *interface*, un moyen, un outil, un *relais* dont les âmes disposent pour communiquer avec leurs proches. Je crois qu'il est temps de corriger les vieilles idées erronées, si répandues, sur les médiums. Il s'agit désormais de sortir de nos peurs ancestrales, qui se manifestent comme des angoisses nocturnes, et que nous avons tous, au moins une fois déjà, traversées, y croyant au moins un petit peu. Je me considère comme un *médium*, au sens premier du terme, c'est-à-dire un moyen, un intermédiaire, un être qui permet à une chose de passer d'une dimension à une autre, tout simplement. Je permets aux messages des âmes de passer d'un monde à l'autre, un peu comme un traducteur. On ne peut pas dire que je possède des pouvoirs magiques… mais un don. Et si ce don paraît quelquefois extraordinaire, c'est que notre monde n'est sans doute pas assez à l'écoute de sa spiritualité et de son existence intérieure.

Voici une anecdote qui le démontre parfaitement. Au cours d'un week-end qui avait commencé comme les autres, mon ami David me passa un coup de téléphone. On sentait de la panique dans sa voix. Le matin même, en sortant de sa douche un peu rêveur, et alors que le miroir de sa salle de bains était embué, il était tombé nez à nez avec une sorte d'image d'épouvante : le visage d'une femme totalement déformé par une balafre.

« Une vision de film d'horreur ! » criait-il. Tandis que David, encore sous le choc, me relatait cette angoissante expérience, j'entendis près de moi une petite voix féminine, d'une grande douceur, qui me donna quelques fragments de réponse. Je demandai à David : « N'as-tu pas dans ton entourage une personne récemment décédée dans un accident de voiture ? Car c'est cette vision que je reçois. » Mon ami me répond d'abord que non… C'est impossible… J'essaie alors de le rassurer et nous poursuivons notre conversation qui dévie sur tout autre chose, on pourrait dire sur les nouvelles courantes, le temps, la vie, le travail… Il semble rasséréné. Mais, au moment de raccrocher, il lui revient en mémoire qu'il devait rencontrer, dans l'après-midi, un ancien collègue de travail qu'il n'avait pas revu depuis très longtemps. Et soudain, sa voix s'éclaira dans l'écouteur du téléphone : « C'est lui, Bruno ! Sa fille de quinze ans à peine, c'est elle qui est morte en voiture ! Terrible… Un choc d'une rare violence, alors qu'elle était avec des amies. Elle est morte sur le coup. » C'était un souvenir abominable qui remontait à plusieurs années. J'entendis alors, comme s'il avait débloqué mon propre canal, ce message empreint d'amour infini : « Dis à papa que je vais bien, dis-lui que je suis heureuse, dis-lui qu'il n'est coupable de rien. Je ne suis plus le corps abîmé qu'il a vu sur les lieux de mon accident. » Cette jeune fille était venue par l'intermédiaire de mon ami David, elle lui était apparue sous les traits hideux de la souffrance précisément pour qu'il m'appelle et que je lui transmette ce message de libération. Elle était venue soulager son père, que je ne connaissais pas, de cette *empreinte* douloureuse : sa mort accidentelle. Et mon ami, lui, avait été à son insu un médium, un *outil* de leur amour de père à fille et de fille à père, puisqu'il avait décroché son téléphone pour me relater cette expérience singulière. Sans son appel, cette jeune fille décédée n'aurait peut-être pas pu se manifester ainsi à son papa. Ce type de rencontre me laisse tout bonnement sans voix. J'ai beau pratiquer ce métier tous les jours, je suis toujours aussi bouleversé de l'amour que les âmes nous manifestent. Tout cela devrait nous remplir de la plus grande humilité et de la plus intense joie.

Tout comme les âmes nous donnent des informations primordiales sur le passé, elles peuvent aussi nous donner des éléments qui concernent notre *devenir*. Devenir, car l'avenir n'est jamais figé, car ces renseignements ne tombent jamais comme un cheveu sur la soupe, mais viennent toujours s'emboîter avec précision dans une logique personnelle. J'ai choisi il y a longtemps de privilégier, par l'impulsion des âmes, cette logique personnelle qui ne satisfait pas le simple désir de savoir son avenir, mais appelle à un véritable travail sur soi, à une modification de notre être en vue d'un devenir meilleur. Encore une fois, rien ne vient par hasard de l'extérieur ; tous les liens qui se font se forment au-dedans de nous. Des liens d'amour et de paix.

Une porte entre deux mondes

Tout le monde se souvient certainement de la saga *Matrix*, ces trois films réalisés par les sœurs Wachowski, dont le premier opus est sorti en 1999. Dans un futur apocalyptique, les machines ont pris le pouvoir sur l'humanité et fini par remplacer presque complètement les hommes. Les êtres humains sont maintenus dans une vie végétative, branchés dans des cocons de haute technologie, dans lesquels la chaleur et l'électricité de leur corps servent à alimenter les machines en énergie. Dans leur cocon de verre, les hommes et les femmes sont plongés dans un profond sommeil et leur esprit est connecté à une réplique fidèle mais illusoire du monde réel : la Matrice. Personne ou presque ne peut s'apercevoir qu'il est prisonnier d'un rêve, que rien autour de lui n'est réel ; tout ce qu'il pense, ressent, vit et découvre a été programmé par avance. « La Matrice est universelle » : une police virtuelle veille à ce qu'aucun « bug », c'est-à-dire aucun réveil dans le rêve, ne vienne perturber le programme. Seul un groupe de résistants a réussi à s'échapper et combat pour mettre fin au règne des machines. Ils cherchent obstinément leur sauveur, celui qui parviendra à délivrer l'humanité. Je cite : « Néo est l'élu victorieux : par la seule force de son mental, tel un Bouddha, il contrôle et domine le monde illusoire, virtuel, et le traverse jusqu'à le faire voler en éclats. » Au-delà de l'esprit « science-fiction » d'un film à gros budget, au-delà du message sous-jacent qui semble dire « nous sommes davantage que ce que nous croyons être », je crois que ce film nous parle de ce monde illusoire dans lequel nous baignons aujourd'hui. Un monde consumériste, individualiste, porté davantage sur les objets et les plaisirs que sur la spiritualité, un monde qui favorise l'éphémère et l'immédiat au détriment de toutes ces avancées de l'âme qui demandent beaucoup de temps, un monde de femmes et d'hommes devenus finalement machines, réduits dans le domaine professionnel à l'esprit de compétition, ainsi qu'à se nourrir en vain de nourritures superficielles et transformées, au point d'avoir des vies végétatives. Ce film témoigne bien d'une chose : nous sommes désespérément en mal d'amour et de relations vraies.

En poussant un peu plus avant l'analyse, on se rappellera comment nos protagonistes, engagés dans la résistance aux machines, doivent régulièrement, pour mieux les détruire, *faire irruption dans le monde virtuel*. Ce dernier ressemble en tout point au nôtre. C'en est une réplique exacte. Et cette irruption se fait au moyen d'appels téléphoniques qui établissent une connexion entre mondes, réel et virtuel. Au moment où l'on décroche, une sorte de porte s'ouvre dans le mur permettant d'entrer ou de sortir de cet univers. J'arrête la comparaison ici, car dans notre film, il s'agit d'un cadre épouvantable qui n'a rien à voir (même si l'on peut en douter parfois) avec notre monde actuel. Ce que j'aime particulièrement, c'est cette idée de « porte » qui s'ouvre entre deux univers si différents : l'un illusoire, l'autre d'une extrême réalité. Pour nous, dans le sujet qui occupe ce livre, il s'agirait plutôt d'une porte entre notre monde terrestre, dont la réalité est épaisse, et ce monde de lumière et de conscience, infinies, qu'est celui des âmes. Lorsque nous butons sur une situation de notre vie, qu'elle nous semble insoluble, nous avons tendance à nous crisper dessus et à ne trouver aucune issue. Pour ce qui me concerne, je n'avais pas, durant ma prime jeunesse, particulièrement remarqué qu'on nageait dans l'illusion. Je cherchais à vivre ma vie du mieux que je pouvais et à lui trouver un sens. J'étais « équipé » d'un don particulier, une sorte d'antenne radar qui me permettait de capter des choses imperceptibles à d'autres. Il m'a fallu une sortie douloureuse de l'illusion pour savoir aujourd'hui que la recherche de l'épanouissement personnel ne passe pas par la conquête du monde extérieur, mais par *la connaissance de soi.* Aucune richesse ne peut être acquise durablement si ce n'est au terme d'un cheminement intime, parfois très long, mais toujours indispensable. On n'en a jamais fini avec ce combat, qui pourrait être de l'ordre du spirituel, pour paraphraser saint Ignace de Loyola. S'il y a un « diable » dans notre monde, c'est à l'intérieur de nous qu'il se cache. On peut très bien envier les grands de ce monde, les superstars de la musique ou du sport, les milliardaires qu'on oppose aux plus pauvres, les hommes politiques… Mais c'est encore une construction binaire de notre société qui relève de la plus plate illusion. Le pauvre envie le riche. Mais qui nous dit que le riche est plus heureux ? N'est-il pas coincé dans l'illusion que lui donnent sa richesse et sa puissance ? Si son petit « diable » intérieur lui répète sans cesse qu'il doit gagner plus d'argent pour briller dans la Matrice, le condamnant ainsi à ne jamais s'éveiller. Car pour nous éveiller… nous n'avons besoin de rien d'autre que nous-mêmes.

J'appelle de tous mes vœux à un nouveau modèle, de vie, de société, de politique, et je crois bien que ce modèle que tant de gens attendent est en train d'éclore, à grand renfort de tensions et de soubresauts. Je crois que l'humanité est en train d'accoucher d'elle-même, d'un nouvel idéal. Ce nouvel idéal, il n'est pas cantonné à une image d'Épinal, comme un but inatteignable, une ascension de l'Everest forcément vouée à l'échec. Non. Cet idéal est en chacun de nous, il est en train de se diffuser dans toutes les couches de la société et de transformer le monde en profondeur. Si nous avons peur de la mort, c'est que nous avons peur de vivre. Nous restons malgré nous dans un attachement morbide à la vie. Difficile de trouver sa place dans ce monde toujours plus dur, toujours plus pollué, et de faire entendre sa voix. Mais l'idéal est là, ses contours deviennent chaque jour de plus en plus précis. Nous sommes en train de restaurer notre *relation* à la vie. Cela se traduit, par exemple, dans notre relation aux animaux. Il suffit de regarder comment nous les traitons, la vie que nous leur réservons, tassés dans des lieux clos, mal nourris, jusqu'à une mise à mort cruelle. C'est comme si notre rapport, refoulé, à la mort rejaillissait sur eux… Mais ne nous y trompons pas : le traitement que nous leur infligeons parle de notre relation à nous-mêmes… Les animaux sont doués d'âme. Ils sont nos amis avant tout. Preuve en est notre amour pour nos animaux de compagnie, la place pleine et entière qu'ils occupent dans notre quotidien, à l'égal d'êtres humains. Pourtant nous traitons brutalement les animaux qui ne sont pas objets de notre affection. Nous les tuons et les mangeons ! Pourtant, les molécules qui les constituent sont les mêmes. Comment, dès lors, s'étonner que nos corps et nos esprits soient malades ? Comment s'étonner ensuite que nous traitions d'autres humains, qui n'ont pas notre affection, comme des animaux ? Notre corps ingère et intègre de la matière morte, ultracuite, privée des éléments nutritionnels nécessaires à notre corps. Et là, c'est clair : notre organisme passe plus de temps à évacuer les matières superficielles et toxiques qu'à s'entretenir et se renouveler. Voilà notre rapport à nous-mêmes : nous nous intoxiquons, et passons plus de temps à nous nettoyer qu'à faire *progresser*, évoluer, notre être. Symptomatique.

Il ne s'agit pas pour autant de juger ou faire la morale, mais plutôt de nous interroger sur nous-mêmes. Ils sont multiples les exemples qui illustrent le délitement de notre société. Et pourtant, partout dans le monde, grâce à une belle prise de conscience planétaire, un nouveau modèle de société plus aimante, plus coopérative, plus solidaire, est en train de voir le jour. J'espère que ce nouveau modèle va guider le progrès et non plus se soumettre à lui, faire fructifier l'individu dans un modèle durable et non l'égoïsme dans un modèle sans lendemain. C'est un devoir que nous avons tous. Je renvoie à ce film qui m'a rempli d'une énergie extraordinaire : *Demain*, réalisé en 2015 par Mélanie Laurent et Cyril Dion et dont voici le sous-titre : « Partout dans le monde, des solutions existent. » Le ton est donné ! Le film relate les initiatives menées dans le monde entier pour relever les défis d'aujourd'hui, sur les plans climatique, écologique, humain, agricole… Ce film est tout simplement incroyable. Il transmet tant l'idéal de ce nouveau modèle ! En cela, les âmes et la thérapie qu'elles opèrent à travers moi s'inscrivent au cœur de ce changement de paradigme : mieux, je crois qu'elles *en sont à l'origine*. Car du haut de notre merveilleux mais tout petit monde, nous n'avons pas les clés des transformations nécessaires. Il nous faut une *inspiration*. Et l'inspiration vient de l'âme, de l'intérieur, de *l'au-dedans de nous*. Les thérapeutes du ciel interviennent dans notre destin individuel comme dans notre avenir collectif, comme si, en toile de fond, l'unité dont je parlais plus haut, celle du tissu, trouvait son accomplissement dans le progrès de nos civilisations.

Ce nouveau modèle s'impose petit à petit dans toutes les strates de notre vie, personnelle, familiale, sociale, professionnelle… Car il n'y a pas de séparation entre les différentes sphères de notre existence l'amour, le travail, la vie privée, la vie publique. Tous ces domaines se rejoignent en un seul et même lieu : nous-mêmes. Je pense qu'il faut supprimer de nos lectures du monde ces compartiments étanches qui ne correspondent aucunement à la réalité. Rien n'est isolé, rien dans la vie d'un homme n'est accessoire. Chaque détail peut nous alerter sur l'ensemble de notre existence. C'est un paradigme thérapeutique qui consiste à prendre la vie humaine comme *holistique*, c'est-à-dire évoluant dans un *tout interconnecté* (avec la nature, les animaux, les plantes, etc.). Et dans cette configuration, les âmes adorent se manifester, pour tous et chacun en particulier ! Elles ont cette merveilleuse inspiration qui consiste à se mêler de nos existences afin d'accompagner nos pas et d'inventer de nouvelles façons de vivre, plus justes et plus humaines. Les thérapeutes du ciel nous portent discrètement mais sûrement vers un nouveau modèle, dans lequel l'être humain ne sera plus en haut de la pyramide mais au milieu. Demain, nous serons connectés au monde comme à nous-mêmes.

Chasser les illusions

Je ne résisterai pas au plaisir d'évoquer ici le film *Ghost*, réalisé en 1990 par Jerry Zucker. Cette histoire fantastique met en scène Sam et Molly, un couple très amoureux qui sera brisé par le meurtre du jeune homme, sous les yeux de sa compagne. Sam, devenu fantôme, erre dans les rues jusqu'à ce qu'il parvienne à communiquer avec Molly par le truchement d'une fausse médium, qui révélera finalement un vrai talent. Sam va ainsi découvrir qui l'a tué et sauver *in extremis* sa bien-aimée des griffes du tueur. Dans ce film, on se trouve confronté à une vision proprement caricaturale du fantôme : on le voit rôder, perdu, ne comprenant pas qu'il est mort. Il a gardé ses traits, son caractère et son mode de pensée de vivant ; il se comporte comme avant. Avant de disparaître et retourner à la paix, il est chargé d'une mission hautement humaine : sauver son ancienne compagne. Cette représentation, certes très attachante dans le cadre d'un film, est assez éloignée de la réalité.

J'en ai parlé plus haut : on ne compte plus les histoires de maisons hantées, littéralement habitées, comme si elles-mêmes étaient vivantes, avec des intentions et une volonté propre. Chacun se remémore *L'Exorciste*, réalisé en 1973 par William Friedkin, qui a connu un succès retentissant. Il s'agissait d'une jeune fille prisonnière d'un puissant démon. Deux prêtres interviendront pour en venir à bout et le paieront de leur vie. Ce genre d'histoire suscite toujours l'engouement du public. Il y a aussi eu cette fillette dont les jouets maudits prenaient des traits démoniaques. Ou encore ces hommes qui, au beau milieu d'une nuit d'hiver, se retrouvèrent possédés par le démon. Mais tout cela n'existe pas dans le ciel, du côté des âmes.

On sait aujourd'hui que le cerveau humain est capable de prodiges qui dépassent l'entendement. La télékinésie, ou faculté de déplacer les objets à distance, en est une démonstration flagrante. L'hypnose, pour théâtrale qu'elle paraisse, ne laisse pas de surprendre nos esprits cartésiens. J'estime pouvoir affirmer, sans trop risquer de me tromper, qu'une part de ces phénomènes dits surnaturels sont provoqués par le cerveau humain lui-même, marqué de l'empreinte encore vivace d'une personne ou d'un groupe de personnes décédées.

Il me paraît intéressant de vous livrer un exemple personnel de possession lors d'une conférence. Au début de ma « carrière », je m'étais essayé à des séances publiques. Un jour, j'avais ressenti à la gauche de la salle une présence masculine. L'entité (à l'époque, j'utilisais ce terme impropre) qui se manifestait me donna des détails précis : cet homme, probablement un militaire, sortait péniblement d'un lieu enfumé. Il faisait très chaud. Je manquai d'air : ma respiration devint difficile. Je demandai, non sans peine, si la description que je venais d'en faire correspondait à quelqu'un. Une femme se leva, tremblante, en larmes : « Il s'agit de mon père. Il était gendarme. » Pour porter secours aux pompiers qui maîtrisaient à grand-peine un violent incendie, il était entré à l'intérieur d'une maison en flammes, afin de secourir d'éventuels rescapés. Devant la violence de l'incendie, il avait dû rebrousser chemin, mais trop tard : il allait succomber à une intoxication massive due à l'inhalation de fumées.

Un héros, sans conteste. Et tandis qu'un silence recueilli emplissait la salle, je commençai à m'étouffer. Littéralement. Je toussai, vacillai, et sans le secours d'une amie présente à mes côtés, je me serais sûrement effondré. Il me fallut un bon quart d'heure avant de reprendre mes esprits (les miens, cette fois) pour terminer ma conférence devant une salle sous le choc. Que m'était-il arrivé ? Une possession, une incorporation ? Je réponds non, absolument non : l'âme de son père était sans nul doute dans la paix. Mais l'*empreinte* qu'il avait laissée était d'une violence que j'ai peu rencontrée dans ma vie. Elle était presque vivante, comme si, justement, elle avait une volonté propre : une entité. À l'époque, avec ma petite expérience, j'avais absorbé, comme une éponge, les puissantes émotions liées à ce terrible drame, qui étaient demeurées sur Terre. J'avais revécu, dans mon corps, la scène qui avait vu mourir trente ans plus tôt cet admirable père de famille, mais jamais je n'aurais considéré un seul instant que son âme, passée depuis longtemps à la paix et la lumière, eût pu en être responsable.

Avec l'âge et l'aide de mes amis de l'autre monde, j'ai pris conscience à quel point nous pouvons nous égarer entre *âme* et *esprit*, *âme* et *empreinte*, tant notre cœur meurtri et celui de tous les témoins peuvent gouverner notre inconscient et influencer nos émotions. Aujourd'hui, il n'est plus question pour moi de laisser la place à de telles manifestations durant les séances. S'il m'arrive de sentir une présence envahissante, elle est neutralisée par les messages d'amour que mes alliées m'envoient. S'il demeure sur Terre des énergies basses, qu'on peut trouver parfois sous le nom de « bas astral », elles ne peuvent provenir que de l'esprit. Je ne dénie pas l'influence de ces spectres tenaces. Certains font des voyages dans l'astral et rapportent des vibrations basses et presque bestiales. Pas étonnant, compte tenu de la misère et des souffrances perpétrées en permanence, qu'il y ait autour de notre belle planète une ombre terrible qui gronde en sourdine, une pollution semblable à ces débris de satellites envoyés dans l'espace ! Mais je le redis, on ne peut comparer ces entités illusoires et la qualité lumineuse de l'âme. Car l'âme n'est qu'énergie d'amour, et rien ne résiste à l'amour. Et c'est précisément l'âme qui vient délivrer de ces illusions.

Voici un dernier exemple qui illustrera parfaitement l'incrustation d'images délétères dans la vie des personnes. À l'époque de mes déplacements réguliers aux États-Unis, j'allai un jour voir Jeanie, la sœur de mon amie Joan, rencontrée à Paris, qui, on s'en souvient, m'avait demandé de l'aider. Je la retrouvai chez elle, dans sa maison fleurie d'une banlieue chic de New York. À peine arrivé, je me rendis instinctivement dans le salon, où je vis une très large tache de sang sur le mur. Ce genre d'image était, pour moi, je l'avoue, assez effrayante à l'époque, d'autant que j'étais le seul à les voir ! Mais cette fois, ne me laissant pas impressionner, je me retournai vers mon hôtesse. J'appris d'elle alors que l'ancien occupant de la maison était mort tragiquement dans un accident de voiture, ce qui expliquait ma vision. La maison avait été vendue après les obsèques, et Jeanie et son mari en étaient les derniers occupants. Jeanie me confia plus tard qu'elle se sentait mal dans cette maison ; elle y avait peur, souffrant d'angoisses et de cauchemars. Elle évoquait des craquements sourds, des pendules qui s'arrêtent sans raison, des ampoules électriques qui s'allument et s'éteignent subitement. Cependant, en décryptant l'histoire conjugale de Jeanie, trompée en permanence et flouée sur tous les plans (dont le douloureux plan financier), je compris que son énergie alors plombée était disposée à accueillir toutes les énergies de même nature. C'est ce qui l'avait conduite, malgré elle, à vivre dans cette maison avec son mari (qui l'avait presque abandonnée), à faire des choix professionnels hasardeux, à se retrouver dans des lieux qu'elle n'appréciait pas, et en relation avec des personnes qui la confortaient dans sa souffrance. Il n'y avait donc aucune maison hantée. En revanche, cette présence que j'avais ressentie dans la maison était comme le déclencheur, l'opportunité que les âmes m'avaient procurée de lui parler de sa vie. De lui transmettre des messages d'amour et de confiance. Jeanie a depuis déménagé, retrouvé un emploi qui lui correspond et adopté un adorable petit chien.

Ce genre d'heureux dénouement est récurrent dans mon travail. Une personne est comme claquemurée dans un cercle vicieux. Elle demande mon aide et, grâce aux ondes bienveillantes des thérapeutes du ciel, je transmets un message d'espoir spécialement dédié à cerner le « vice » de sa situation. Je tiens à rappeler ici qu'à l'époque, je n'avais pas encore de dialogue conscient avec les âmes, ce qui ne m'a pourtant pas empêché de voir cette tache de sang et de la considérer comme une indication et non une réalité.

Oui, l'être humain a des capacités insoupçonnées, et, selon l'usage que l'on fera de l'énergie mise à notre disposition, les effets sur notre vie seront différents. Les travaux du médecin japonais Masaru Emoto sont à ce titre édifiants. Dans son ouvrage bientôt classique *Les Messages cachés de l'eau*[1], le scientifique démontre par des photos magnifiques, l'influence de notre pensée (et je rajouterai de nos pensées-émotions) sur la matière et en particulier sur l'eau. Pendant plus de dix ans, Emoto a photographié des cristaux d'eau gelée, s'adonnant à d'innombrables expériences. Il séparait par exemple en deux groupes des volumes d'eau provenant de la même source. Il soumettait, plusieurs jours durant, le premier groupe à des pensées « *d'amour et de gratitude* », et le second à des intentions négatives telles que le jugement et le dénigrement. Les résultats photographiques sont saisissants et sans appel : le groupe qui reçoit les énergies positives forme des cristaux harmonieux, tandis que le second dessine des formes irrégulières, cassées, non définies. De même que des empreintes non résolues peuvent influencer notre environnement personnel, nos émotions sont capables du pire comme du meilleur. Et c'est précisément au cœur de nos émotions que les âmes viennent nous éclairer.

En un sens, le spectaculaire est parfois utile, car il nous interpelle, il nous invite à *écouter*, à ouvrir grand nos oreilles. Nous avons tous besoin de signes pour croire ! Le

1. Guy Trédaniel, 2004.

spectacle attire d'abord l'attention, avant de nous conduire à un sens plus profond. Au cœur de mon travail, la finalité véritable de tout message, aussi bluffant soit-il, se trouve dans *la résolution et la réparation intérieure qu'apportent nos alliés*, les thérapeutes du ciel. Il peut certes y avoir des sceptiques, même après une séance ou un tournage qui se seraient bien déroulés. L'essentiel n'est pas qu'ils soient convaincus par ce que je leur ai dit. L'essentiel se trouve dans ce que les thérapeutes ont fait naître ou feront naître plus tard. Qu'on le veuille ou non, la petite graine est semée…

Partie 4 : Pourquoi vient-on sur Terre ?

Repose en paix ici-bas !

Depuis tout petit, je suis littéralement façonné de l'intérieur, je dirais presque « creusé », par des questions métaphysiques, dont le rythme s'est accéléré au cours des dernières années, avec en toile de fond un sentiment d'urgence. Il ne s'agissait pas de se dépêcher, non ! On ne force pas la roue du temps. Cela résonnait plutôt comme une douce injonction, une invitation à rencontrer le monde, à livrer une autre vision des choses. Je sentais que le vent gonflait les voiles. Bien sûr, je ne peux faire abstraction de mes propres filtres et je ne prétends pas détenir la vérité. Je livre ici, j'en ai conscience et j'insiste, *ma propre conception du monde et de la vie*, celle qui provient de moi mais qui, je le crois aussi, est susceptible de vous toucher également. La diversité des conceptions est une vraie richesse, car chacun, à son niveau, peut rencontrer la personne qui lui convient, à un moment donné, dans un espace donné. Ou mieux : dans cette magnifique diversité de pensée, chacun est libre de butiner ce qui lui plaît, ou lui paraît pertinent, chez tel philosophe, tel thérapeute, tel scientifique. Chacun peut étancher sa soif à la source qu'il veut ! Pour ma part, cette soif m'a toujours tenu en éveil et n'a jamais été complètement étanchée. Je ne me suis jamais satisfait de ce que je voyais ou de ce qu'on me disait. Je dirais même que les questions sont parfois plus importantes que les réponses ! Car tout mon cheminement a été jalonné jusqu'ici de grandes périodes de doute et de recherche, mais aussi de cette joie indicible d'être à la fois *uni* au monde et tellement *unique*. C'est une des premières raisons qui devraient nous rendre heureux d'être ici-bas.

On dit depuis si longtemps que la souffrance possède des vertus. Souffrir serait le sens de la vie humaine, ce qui lui ouvrirait la voie à l'autre monde, et pour certains au paradis. Même si nous le nions, dans un coin de notre inconscient individuel (et collectif !), une part de nous subsiste qui considère la souffrance comme une épreuve obligée, universelle, sur cette terre. Je rejette cette croyance. La souffrance, au contraire, doit nous alerter sur ce qui bloque, ce qui n'est plus ajusté dans notre vie, comme une douleur physique doit nous alerter sur un problème de santé. Ce n'est, selon moi, que dans ce sens qu'elle peut être salutaire. Une alcoolique repentie m'a dernièrement fait comprendre combien la souffrance physique et psychologique l'avait aidée à s'en sortir. Elle était allée au bout d'elle-même et, au-delà de cette souffrance, elle le savait, il y avait la mort. Elle a choisi la vie. Il y a quasiment une « mystique » de la souffrance, et la littérature religieuse de tous horizons nous le rappelle. Mais je ne crois pas qu'il faille pour autant la sanctifier. Au contraire, elle mérite d'être sublimée, transformée. Et c'est bien cette mutation que je retrouve chaque jour avec les âmes qui m'assistent et président à ces thérapies. Chaque jour les âmes me présentent un visage de *paix* et non de souffrance. Voilà pourquoi nous devrions davantage célébrer leur paix éternelle que leurs souffrances passées. C'est précisément *ce* visage que les âmes nous demandent d'arborer. Si nous pleurons tant de personnes mortes de par le monde de façon incompréhensible, c'est que nous devons prendre conscience que ce monde a besoin d'amour, qu'il en est tellement dépouillé par endroits. Et l'*amour nu*, c'est exactement ce que nous révèlent ces martyrs : c'est une forme de dépouillement absolu. La mort ne peut rien contre l'amour.

Cette folle contradiction entre les souffrances d'une fin de vie ici-bas et la paix qui existe dans l'autre monde devrait nous interpeller au plus haut point. Elle devrait nous inciter à voir plus loin, à emprunter une troisième voie, à quitter le système binaire qui veut que nous souffrions seulement ici-bas et ne soyons heureux que là-haut. Le fameux « Repose en paix » devrait s'adresser autant aux gens décédés qu'à *nous-mêmes* ! Nous sommes destinés à reposer *en paix ici-bas*, chaque jour, comme les âmes le sont elles-mêmes. Cette troisième voie, c'est le sens de la vie ! C'est la voie de l'amour en pleine conscience de l'humain relié à toutes les formes de vie, visibles ou invisibles. Avec elle, il s'agit de *vivre cette interrelation éternelle*. Se concentrer sur la souffrance de nos proches ne fait que galvaniser nos sentiments de séparation : abandonner ce sentiment de séparation, c'est là l'urgence de nos vies. Il faut nous éveiller aux autres dimensions, *sans pour autant délaisser* celle-ci. C'est un vrai défi. Nous avançons, nous nous cognons, tels des enfants qui découvrent le monde. Nous sommes des éternels enfants, nous continuons à apprendre. Mais que ces hésitations se fassent dans la joie de l'apprentissage et non dans la peine, avec au cœur la présence de la source qui nous anime, l'amour, n'est-ce pas là le sens de notre présence dans le monde ?

Sortis de la coque qui pouvait nous encercler, nous retrouvons dans l'autre monde une vision globale et instantanée des êtres et des choses. Nous percevons désormais de manière radicalement nouvelle et totale nos choix et les actes qui en ont découlé, comme si nous avions la connaissance immédiate de tous les ressorts du monde, de tous les mécanismes qui font se mouvoir les êtres humains. Puisque le temps et l'espace sont abolis, puisque nous n'en avons tout simplement plus l'usage ou la perception, tout s'égalise, tout – passé, présent, avenir – nous apparaît d'un seul bloc, et nous pouvons discerner, à travers ce cosmos, toutes les causes et conséquences, toutes les ramifications de notre vie. Nous sommes dans une paix indicible, débarrassés des énergies basses, étrangers même aux douleurs, aux émotions passagères qui n'ont d'existence que sur Terre, à tous ces sentiments qui viennent du corps et de l'esprit et nous quittent avec eux, faim, soif, fatigue. Nous sommes *pleinement conscients.*

Dès lors, comprenant nos manques d'amour, nos erreurs mais aussi nos douleurs, les âmes savent se réparer dans l'autre monde. En un mot, nous ne cessons jamais d'évoluer spirituellement.

Car, comme le disait Socrate, nous ne faisons jamais le mal volontairement. Nous manifestons tous de l'amour, de la façon la plus imparfaite qui soit, un amour blessé ou manqué, raté ou incomplet, mais *il s'agit toujours d'amour*, y compris quand il fait défaut ou qu'il a été remplacé par la haine et la violence. Ce sont là les deux facettes d'une même réalité. Les pires actes criminels et les petits manquements individuels à l'éthique ou à la morale participent, toutes proportions gardées bien entendu, de la même dynamique. Sur Terre, chacun de nous souhaite en effet paraître au mieux de ce qu'il est. Mais nous sommes aussi cette réalité : des êtres humains *déformés* par la vie, l'âge, les blessures, le vécu, les souffrances que l'on a subies ou infligées aux autres. C'est pour cela que nos alliées les âmes viennent à nous : elles répondent à notre appel, parfois inconscient. Si nous venons sur Terre, c'est sans conteste pour faire l'expérience de la vie incarnée, dans la relation que nous entretenons avec autrui. On se demande souvent quel sens peut avoir l'incarnation sur Terre. Pourquoi ne sommes-nous pas tout simplement restés dans la conscience, pourquoi avons-nous dû quitter cette forme pure de l'âme ? Mais ces questions viennent de notre connaissance imparfaite du monde, car, si nous étions capables de percevoir la vie dans ses ressorts les plus profonds, la seule incarnation, le seul fait d'exister se justifierait de lui-même sans plus d'explications. C'est cette perception que possèdent les âmes : à nous maintenant d'en prendre conscience !

Karma et réincarnation

J'ai finalement bien peu parlé dans cet ouvrage de la réincarnation et de la notion de karma. Il est vrai que jusqu'assez récemment, ces questions ne s'étaient pas réellement présentées à moi. Elles étaient pourtant récurrentes dans certaines de mes conversations passionnées avec des amis versés dans des métiers thérapeutiques ou simplement convaincus de la réalité de la réincarnation. Au cours de ces débats fiévreux, j'avais l'habitude de poser le problème de ces croyances, prétendant qu'elles n'offraient aucune preuve de vies antérieures. Pire, je défendais bec et ongles qu'elles enfermaient les gens dans des suppositions ne menant nulle part. Et comme on sait, dans mon activité même, les validations sont indispensables : elles s'appuient sur des souvenirs, des détails, des prénoms, des événements de la vie du consultant. Je ne les sors pas d'un chapeau ; et mon expérience me semblait infirmer la réalité de la réincarnation. S'appuyant sur ma conviction, un de mes contradicteurs a développé une théorie selon laquelle, ayant été un sacré mécréant dans une vie antérieure, j'avais reçu pour celle-ci la mission de *croire* et d'ouvrir les esprits, comme pour contrebalancer.

Mission ! Le mot était lâché. Moi qui avais toujours combattu cette idée à la mode de mission spécifique, je commençai à m'enflammer. Pourtant, je sentais bien que quelque chose ne sonnait pas tout à fait juste dans mon raisonnement. Ce qui n'était pas juste, c'est que je *raisonnais* au lieu de *percevoir*. Pour une personne de ma sensibilité, c'était un comble ! Une fois de plus, je me suis aperçu que j'ai les pieds bien sur terre. Et puis, je l'ai déjà dit, je suis humain, je ne prétends pas connaître la vérité, je ne fais que partager ma vision des choses. Ainsi, après cette discussion, j'ai mis assez longtemps de côté cette question plus existentielle, à mes yeux, que réaliste, et me suis consacré à ce que je fais de mieux : transmettre les messages de personnes décédées et aider au dénouement de souffrances transgénérationnelles. Il n'empêche, tout cela me taraudait : je ne pouvais pas nier l'immense littérature sur le karma, qu'elle soit liée au bouddhisme, à Platon à la Kabbale, propre au judaïsme, ou à des publications plus récentes. Le sujet revenait en boucle dans ma pensée. J'avais eu jusque-là une forme de « tolérance », comprenant et respectant totalement que d'autres que moi puissent vivre avec l'idée de la réincarnation. Comme dans toute spiritualité, il y a des excès et je ne pouvais admettre l'idée que l'on puisse être réincarné dans un règne « inférieur », par punition. J'imaginais assez mal qu'un de mes aïeux, parce qu'il aurait commis un acte répréhensible dans une vie antérieure, se soit retrouvé dans la suivante à l'état de moustique ou de fleur de lotus. Il y a une limite à tout !

D'ailleurs, le célèbre médium Edgar Cayce déplorait que l'on pût avoir cette vision erronée de la réincarnation. Selon lui, nous ne cessons d'évoluer spirituellement, et notre libre arbitre reste intact à chaque nouvelle incarnation : il s'agit toujours de notre choix. Je suis cependant quelqu'un d'assez pragmatique. Et j'ai toujours pensé que si l'on m'apportait, sinon la preuve, disons au moins *l'expérience* de la réincarnation, je pourrais revenir sur mon opinion. Ce petit côté saint

Thomas n'a pas échappé à mes alliées là-haut, car durant de longues années, elles ne m'ont pas interpellé à ce sujet. Il est bien sûr tout à fait possible que j'aie manqué cet aspect de mon activité et, si c'est le cas, je m'en excuse auprès de mes lecteurs et de mes clients. Mais aussi loin qu'il m'en souvienne, le sujet de la réincarnation n'a jamais perturbé mon travail. Je peux en tout cas affirmer une chose : j'ai trop souvent entendu des discours abracadabrants sur la réincarnation, des discours censés expliquer le pourquoi de telle action de telle personne, comme si l'on pouvait faire abstraction de *l'antériorité, de l'historique de notre vie actuelle*, et de ce qu'elle charrie parfois de pathologique à travers nos liens familiaux. En toute chose, il faut savoir user de bon sens.

Mais la question est récurrente : est-ce que nous payons dans l'autre monde pour ce qu'on a fait ici-bas ? Est-ce que l'on reste enfermé dans nos prisons intérieures ? Revient-on sans cesse sur Terre et pour l'éternité ? Je n'ai pas de réponse. Tout ce que je sais, parlant de mon expérience, c'est que l'humanité, et chacun d'entre nous avec elle, évolue constamment. Le monde change, la Terre élève son niveau de vibration, l'humanité toute entière est aujourd'hui en mutation. Si l'impression générale est que l'histoire se répète, que rien ne change réellement, c'est à mes yeux qu'à travers un modèle standard (nous sommes tous humains), chacun d'entre nous doit trouver sa place et sa raison d'être ici. C'est vrai, à voir l'état du monde actuel, on peut se demander si l'humanité évolue dans le bon sens, et si les choses ont vraiment changé depuis l'aube de notre histoire… S'incarner ici et maintenant, dans cette configuration, veut pourtant dire quelque chose pour chacun de nous. Parfois, après avoir épuisé les ressources de la psychologie ou de telle ou telle thérapie, on reste avec un sentiment d'inachevé, comme s'il manquait quelque chose à notre compréhension des choses, ou bien comme s'il nous manquait un élément qui ne dépend pas de cette vie, pour nous sentir heureux et pleins. Dans ce cas, je crois que le recours à la notion de karma et de réincarnation peut présenter un intérêt. Mais il doit se faire avec la plus grande prudence, il doit nous inviter à compléter un tableau déjà bien esquissé de notre configuration personnelle.

Voici l'exemple plutôt frappant d'un couple qui était venu me consulter dans l'espoir de recevoir des messages de la grand-mère de la consultante. Florence et Thierry étaient mariés et parents de trois magnifiques enfants. Les deux garçons avaient connu leur arrière-grand-mère, mais cette dernière était décédée quelques semaines avant la naissance de leur fille. Une arrivée, un départ… Souvent, cette coïncidence nous interpelle. Elle arrive fréquemment. Lorsque l'aïeule me parla, je fus frappé par la ressemblance qu'elle me disait avoir avec sa petite-fille. Celle-ci était son portrait craché, me dit-elle. Florence, la mère, acquiesça avec un large sourire : « En plus d'être son portrait craché, elles ont des traits de caractère bien reconnaissables ! » Ce couple adorable me demanda alors si leur petite Laura pouvait être la réincarnation de la fameuse aïeule. Et là, je reçus une réponse, plutôt énigmatique, mais que j'ai fini par comprendre : la grand-mère de Florence demeurait à la fois dans l'infinie lumière qu'elle décrivait en tant qu'âme, mais aussi dans les gènes et, on pourrait le formuler ainsi, dans *l'incarnation* de son arrière-petite-fille. Il ne faut pas entendre par là une double incarnation ou une schizophrénie. Non, il faut y voir deux états différents qui cohabitent dans des univers parallèles et communiquent entre eux. Nul doute que la petite Laura percevra la présence de son arrière-grand-mère tout au long de sa vie !

C'est ainsi que petit à petit, une rencontre après l'autre, grâce aux personnes qui ont été placées sur ma route, j'ai admis l'idée que je pouvais avoir déjà connu sur cette Terre des existences antérieures. Cette conception de l'univers n'excluait pas le travail que j'avais fait sur moi-même. Les contradictions s'effaçaient tandis qu'une autre partie du voile se levait. Je dois cela, je le sais, à mes petites âmes qui savent toujours quand et comment me montrer une nouvelle voie et me donner le courage de m'y engager. Il m'est arrivé plusieurs fois de relayer des messages venant de bébés encore en gestation au moment de la consultation ; ces futurs enfants étaient souvent reliés à la personnalité dématérialisée d'un aïeul, à l'âme d'une grand-mère ou d'un grand-père, par exemple. Les âmes m'ont ouvert cette partie de la connaissance et l'exemple suivant va montrer à quel point mon opinion à ce sujet en a été durablement modifiée.

Il s'agit d'Alvaro. Fils d'une famille d'immigrés espagnols, Alvaro avait vécu toute son enfance un peu isolé du reste du monde. Il se mêlait rarement à ses camarades d'école. Il ne partageait pas leur goût du sport ou des conquêtes amoureuses. Alvaro se tenait dans l'ombre, à l'écart. Mais il avait grandi plein d'une vie spirituelle qu'il tenait de son grand-père espagnol. Enfant, il se réjouissait d'aller passer ses vacances au pays, dans la campagne espagnole, à quelques heures de la frontière française. Par les gestes les plus simples du quotidien, il avait comme « absorbé » la sagesse de son aïeul, ce qui le rendait précoce. Et puis, lorsque le petit Alvaro eut atteint l'adolescence, son grand-père mourut dans le silence et la paix de son lit. Quelques années plus tard, ce fut le tour de sa grand-mère. Il ne lui restait que ses parents. Il les aimait, certes, d'un amour pur, mais supportait de moins en moins leur rapport obsessionnel à l'argent et aux biens matériels. Avaient-ils manqué de quelque chose ? Étaient-ils fâchés avec la spiritualité ? Toujours est-il qu'Alvaro avait fini par se détacher de ses parents, qui ne voyaient le monde qu'à travers le prisme des héritages, de la propriété, de la vente ou de l'achat de maisons, et ne montraient d'eux-mêmes que leur côté mercantile. Plus tard, Alvaro avait fini par comprendre que son besoin de spiritualité était venu, en plus de son attachement à son grand-père, d'une réaction instinctive au matérialisme exacerbé de ses parents.

Il y a quelques années, Alvaro avait suivi une formation en *reiki*, qu'il complétait de soins en magnétisme traditionnel. Il se sentait alors parfaitement épanoui dans son quotidien. Pour ma part, je le reçus un beau matin de printemps. Même si cet homme dégageait une belle énergie, je décelai dans son regard une grande tristesse, un abattement qui détonnait avec son aspect rayonnant. Je sentis aussitôt de violentes douleurs au bas du ventre. Qui pouvait bien m'envoyer ces sensations ? Je n'obtenais aucune réponse. En temps normal, je reçois des signaux censés m'indiquer ce qui a pu provoquer la mort d'une personne. Ensuite, j'attribue ces signaux à une personne particulière, avec laquelle le contact est noué. Mais ici, rien. Alvaro me regarde : rien. Rien du côté des grands-parents, que j'étais parvenu à identifier, d'ailleurs, pendant la séance. Rien ne semblait être corrélé à une personne en particulier : je m'en ouvris à Alvaro. C'est alors que, avant qu'il n'ait eu le temps de me répondre, je m'avançai sur un terrain tout à fait inconnu. Je vis une violente explosion dont les éclats atteignaient un ventre, une explosion qui me semblait permanente et récurrente. Comme si toute l'énergie sortait du ventre d'Alvaro, en permanence. Comme une brèche dans la chair.

Je le dis à mon interlocuteur qui se tenait devant moi : quelque chose absorbait mon énergie, j'avais comme la sensation qu'une force me quittait, qu'on me dépossédait. C'est alors qu'Alvaro me révéla avoir travaillé pendant de nombreuses années sur ses vies antérieures. Désormais, il le savait : il avait reçu plusieurs coups de couteau, ou des balles de pistolet, dans le ventre, alors qu'il était dans une autre vie, une macabre histoire. Et l'énergie de son corps conservait la trace de cette blessure jamais refermée, qui lui avait ôté la vie, le dépossédant de ses enfants et de son existence. J'avais le choix alors : soit je rejetais ce témoignage d'un revers de main, soit je l'acceptais, sans aucune preuve matérielle. Que faire ? Comment prêter crédit à une histoire qui remontait peut-être à deux ou trois cents ans ? J'étais clairement dans le doute : de quoi pouvait-il s'agir ? Mais mes alliées dans l'autre monde ne tardèrent pas à me répondre. Cette fois, en effet, il ne s'agissait pas de la trace transgénérationnelle d'une blessure d'un proche ou d'un aïeul. Cette marque indélébile que portait Alvaro en lui était le souvenir d'une vie antérieure qui s'était achevée, après le vol d'un sac plein d'argent, par une course-poursuite, un coup de revolver et une blessure fatale au ventre…

Mais les âmes ne me laissèrent pas en plan. La connexion se fit et je reçus un message : ces images servaient en réalité à alerter Alvaro sur son traitement psychologique de l'histoire de ses parents. Je lui expliquai que si, dans une autre vie, il avait subi cet assaut fatal, cette blessure au niveau du ventre, et que son ventre aujourd'hui, pourtant parfaitement sain, le faisait souffrir sans raison, c'était sans aucun doute qu'il devait régler aujourd'hui quelque chose à propos de ses parents. *Et dans cette vie-ci !* Les âmes m'évoquèrent à cet instant une corrélation entre ces problèmes de ventre et des problèmes de santé. Alvaro m'avoua alors qu'il avait annoncé à ses parents, peu de temps auparavant, qu'il était décidé à rejeter tout héritage venant d'eux et que cette décision, bien que mûrement réfléchie, lui avait « beaucoup coûté » (*sic*). Depuis, il était demeuré sans nouvelles. J'avais, dès le début de la séance, rapproché les douleurs abdominales d'Alvaro d'un blocage avec ses parents, mais lui, même s'il avait validé mes dires, n'était pas parvenu à faire le lien. C'est que, sur le plan symbolique, l'argent est une énergie. Cette fuite d'énergie, c'était comme l'eau fuyant d'un tuyau percé. L'héritage s'écoulait par son ventre, disparaissait, se reconstituait, puis à nouveau se vidait, tout comme le foie de Prométhée, qui selon la légende, dévoré par l'aigle chaque nuit se régénérait chaque matin. Bien sûr, il s'agissait d'un héritage symbolique et non pas d'un trésor amassé par ses parents ! Quelle révélation pour Alvaro ! Cette souffrance l'alertait sur le besoin évident de renouer le dialogue avec ses parents, peut-être avant qu'il ne soit trop tard, de se libérer de cette colère que leur comportement provoquait en lui. Alvaro m'envoya quelques semaines plus tard une très gentille carte dans laquelle il m'annonçait avoir repris contact avec ses parents. Et ses douleurs au ventre avaient disparu.

On peut retrouver dans cet exemple la manifestation d'une loi bien connue des alchimistes, une loi énoncée dans toutes les religions et toutes les spiritualités : la loi de *causalité*, la fameuse loi du « karma » en Asie. Selon cette loi, nos actes se répercuteraient sur les vies postérieures, comme pour être compensés : leurs conséquences pourraient se manifester au cours de nos futures incarnations. Le karma serait alors la totalité de ce que nous avons fait, faisons et ferons. Pour ma part, je vois tous les jours comment une action, ou une série d'actions, volontaire ou non, crée un véritable *enchaînemen*t de circonstances pouvant se répercuter sur une famille longtemps après la mort des protagonistes. C'est exactement comme la loi de la causalité. On retrouve une variante de cette notion bouddhique du karma chez saint Paul (qui était un Juif très érudit), sous le nom de « la loi du péché et de la mort ». Qui plus est, cette idée du karma se retrouve aussi bien sur le plan individuel que collectif. Comme toute loi, elle a ceci de rassurant qu'elle est « naturelle » : elle s'applique à chacun et à tous, sans aucune distinction. Un karma peut être négatif ou positif, possédé par un animal ou un homme. Cela devient problématique, lorsque cette loi impose un état personnel compliqué, aliénant la vie d'une personne ou l'existence de tout un peuple.

Alvaro, lui, aurait pu continuer à véhiculer cette douleur sans jamais s'en défaire ; c'était une *empreinte* délétère qui ne lui appartenait pas vraiment. J'ai longuement évoqué dans cet ouvrage l'idée maîtresse de *mutation*. Malgré la meilleure volonté du monde, la mutation (ici le soulagement de la souffrance d'Alvaro) ne peut intervenir par la seule compréhension de notre situation : il faut une démonstration, un signe du ciel, si je peux me permettre cette expression. Au-delà de la loi de causalité se révèle, dans mon métier et dans le monde, la *loi transcendante du pardon*. Elle est transcendante, car elle émane de plus grand que nous, plus élevé que nous. Comme je vous l'ai dit, la souffrance n'est pas nécessaire en soi. Elle nous éveille, elle révèle ce qui nous entrave et ce qui a besoin de muter, d'être compris et dépassé. Je repense à la phrase du Gautama Bouddha : « Jamais la haine n'éteint les haines en ce monde. Par l'amour seul les haines sont éteintes. C'est une loi éternelle. » Dans mon propos, on pourrait substituer le mot « karma » ou « manquement » au mot « haine ». Malgré tous nos manquements, petits ou grands, volontaires ou non, malgré ces fameuses fautes, ou péchés, quels que soient les noms qu'on leur donne, il y a toujours, telle une mère aimante, une force supérieure qui inlassablement nous invite au *pardon*, à pardonner à nous-mêmes et à ceux qui nous ont fait du mal. Cette force, cette puissance aimante, c'est celle que je retrouve chez mes alliées là-haut, dans chaque minute de ma vie. Si nous pouvons penser que nous sommes tous cadenassés par nos vies antérieures ou notre généalogie, nous pouvons aussi accueillir le pardon comme le fit Marjorie à la fin de sa bouleversante histoire. Souvenez-vous de Marjorie, cette jeune femme qui avait décidé d'accepter sa sexualité et avait fini par pardonner à son père son incompréhension : c'est l'exemple même de l'amour et du pardon, puissances supérieures, triomphant de la causalité.

Prière & Pardon

Je ne pouvais éluder, dans ce livre, le thème de la prière. A-t-elle encore un sens ? C'est une question qui revient tellement souvent ! Parfois, on me dit : « Je prie ma mère (ou mon père) là-haut, mais il (ou elle) ne m'entend pas. » Ou alors : « Mes prières ne sont pas exaucées. » « Bruno, aucune réponse ne m'est jamais donnée, alors que je m'adresse à eux tous les jours… » Mais les prières sont toujours exaucées ! L'énergie qu'on place dans nos prières n'est jamais perdue. Certes, il est possible que tel objet particulier de nos prières ne trouve pas sa résolution, ou alors pas de la manière espérée. Mais dans tous les cas, soyons certains qu'elles ne sont jamais perdues. L'énergie peut très bien être redirigée ailleurs, et en soi, c'est déjà un gain. La prière et la méditation sont des outils puissants de communication avec l'autre monde. Et l'autre monde s'occupe de nous.

Voici un petit conte que l'on trouve chez l'auteur brésilien Adhemar de Barros (1901-1969) : « Une nuit, j'ai eu un songe. J'ai rêvé que je marchais le long d'une plage, en compagnie du Seigneur. Dans le ciel apparaissaient, les unes après les autres, toutes les scènes de ma vie. J'ai regardé en arrière et j'ai vu qu'à chaque période de ma vie, il y avait deux traces sur le sable : la mienne et celle du Seigneur. Nous continuions ainsi à marcher, jusqu'à ce que tous les jours de ma vie aient défilé devant moi. Alors je me suis arrêté et j'ai regardé en arrière. J'ai remarqué qu'à certains endroits, ceux qui correspondaient exactement avec les jours les plus difficiles de ma vie, les jours de plus grande angoisse, de plus grande peur et aussi de plus grande douleur, il n'y avait qu'une seule empreinte. J'ai donc interrogé le Seigneur : "Seigneur… Tu m'as dit que tu étais avec moi tous les jours de ma vie et j'ai accepté de vivre avec Toi. Pourtant, j'ai remarqué que dans les pires moments il n'y a qu'une seule trace de pas. Je ne peux pas comprendre que tu m'aies laissé seul aux moments où j'avais le plus besoin de Toi." Et le Seigneur répondit : "Mon fils, tu m'es tellement précieux ! Je t'aime ! Je ne t'aurais jamais abandonné, pas même une seule minute ! Les jours où tu ne vois qu'une seule trace de pas sur le sable, ces jours d'épreuves et de souffrances, eh bien : c'est moi qui te portais[1]." »

J'aime citer ce poème en consultation, en parlant des pas sur le sable sans forcément mentionner le « Seigneur ». Car ce poème est une image de la présence des âmes dans nos vies. Chaque fois que nous prions, chaque fois que nous nous adressons à elles, elles nous entendent, elles sont près de nous. Mais il ne faut pas croire, lorsqu'elles ne répondent pas ou nous paraissent avoir déserté nos vies, qu'elles sont absentes ! Au contraire : écoutez plutôt l'histoire qui va suivre.

Ce matin, durant une séance, une maman disait à sa fille chérie, Laura, qu'elle l'avait magnifiquement soutenue depuis sa mort. Ma cliente avait treize ans au moment du décès de sa mère. À travers moi, cette femme, partie trop tôt, put révéler à sa fille qu'elle avait été là à chaque moment de son existence, pour l'aider, pour l'aimer. Son père ayant sombré dans la dépression, Laura avait dû quitter le domicile familial pour un nouveau

1. *J'ai rêvé que je cheminais sur la plage en compagnie du Seigneur.*

chapitre, chez sa grand-mère, une femme marquée par la vie. Longtemps, Laura avait pleuré sa maman, tout bas dans sa chambre, de peur d'être surprise : elle priait au milieu des larmes, demandant à sa maman de l'aider, de rester près d'elle. Pauvre enfant ! Un an plus tard, elle avait pu retourner chez son père qui avait repris une vie à peu près normale. Elle avait vécu à nouveau avec lui une existence plus paisible malgré son terrible manque de sa maman. En retraçant quelques-uns des événements marquants de son passé, Laura comprit qu'en effet sa mère l'avait toujours aidée : le séjour chez la grand-mère, les retrouvailles avec son père, le bac, jusqu'à la rencontre improbable de celui qui deviendrait son mari, le père de ses trois enfants… Laura débordait de reconnaissance. Elle réalisait qu'elle avait été portée à travers les épisodes clés de son existence.

Nous ne sommes pas seuls ! Nos chemins sont préparés, balisés par nos amis invisibles. Nous avons tous en mémoire au moins un moment de notre vie qui relève de l'extraordinaire, d'une force que l'on ne peut réduire au hasard. Lors de notre entretien, la mère de Laura me parlait d'un certain M… Michel peut-être ? « Non, Bruno, c'est la même lettre, mais je pense que vous devez parler de Mathieu. » « Ce garçon est mort jeune, d'un accident domestique ? – Oui », me répondit Laura. Il s'agissait d'un cousin maternel de son âge qu'elle aimait beaucoup. Il avait chuté d'une échelle et s'était brisé le cou. Laura avait été très marquée par ce deuil brutal qui avait réveillé en elle la douleur de la mort de sa mère. Ces deux âmes vinrent rassurer Laura pour lui dire qu'elles baignaient dans la lumière. Elles me faisaient sentir qu'elles œuvraient toutes deux pour la famille, ne manquant rien de ce qui pouvait s'y passer. Laura fut très émue. Elle avait prié, de toutes ses larmes et son amour, sa vie durant. Et elle avait cru que personne ne l'entendait plus... Mais ce jour-là, elle comprit que sa maman avait toujours été là, et que ses prières ne s'étaient pas dispersées en vain.

Et comme nous échangions avec Laura ces belles paroles, je reçus en pensée un prénom entier : Dominique. Laura fut surprise car il s'agissait là d'une personne vivante de son entourage. « Nous avons un message pour ton amie Dominique : elle est malade, son sang est fragile, les cellules sanguines ne se développent pas normalement. Elle doit prier et se battre, car nous la soutenons et la soignons. Nous inspirons ses médecins. Une épreuve est à venir, mais sa vie n'est pas finie. » Laura était bouleversée, car Dominique était l'une de ses meilleures amies, atteinte d'une leucémie et pour laquelle les traitements récents n'avaient pas donné les résultats escomptés. Thérapeutes du ciel ! Ils aident discrètement les vivants à se reconstruire, à se libérer de la maladie. L'émotion était à son comble. Laura comprenait combien nos amis de l'au-delà sont de formidables thérapeutes, que la relation entre la Terre et le Ciel existe toujours, que la porte n'est jamais fermée. Ce n'est qu'en revisitant les épisodes importants de sa vie que Laura comprit que sa mère, comme son cousin, l'accompagnait chaque jour. Et qu'en plus de l'accompagner elle, ils se révélaient médecins, thérapeutes, soignants, aidants pour son entourage, ici son amie Dominique.

À la lecture de certains événements historiques, on peut se demander avec raison si toutes les âmes sont dans la lumière. En effet, à l'aune des nombreux messages que j'ai pu recevoir et transmettre jusqu'à présent, il apparaît que *personne* ne reste sur la touche. Pas un seul d'entre nous, même s'il a fait du mal sur la Terre, n'est livré à lui-même, sans amour ni lumière. Il n'y a pas une seule âme qui soit dans la perdition ou l'amertume, et encore moins dans un purgatoire destiné à nettoyer les larves terrestres, comme on nettoierait des oiseaux pollués au pétrole après une marée noire. Au contraire. Plus le mal a été fait, plus l'amour doit se manifester. Comme le dit saint Paul : « Là où le péché a abondé, la grâce a surabondé. » Nous sommes invités, je crois, à revisiter notre conception du bien et du mal. C'est certain, si quelqu'un me dérobe mes effets personnels, s'il me blesse ou me tue, il me fait du mal. Il rentre et m'entraîne dans une chaîne karmique de l'action et de la réaction, loi immuable. Mais si nous devions en rester là, il n'y aurait plus personne sur Terre ! Je crois profondément que la loi qui prédomine, là-haut, c'est le pardon. Cette loi domine toutes les autres, je dirais même qu'elle les transcende. À tout moment, il nous est proposé de changer de pente (le fameux repentir !) et, accueillis dans l'autre monde par les êtres de lumière, nous sommes appelés, invités, dans une infinie douceur, à comprendre la nature de nos actes et de nos relations sur Terre. Et tout est réparé. Et comme, là-haut, tout fait sens, tout est compris, on cherche à aider les gens sur Terre.

En suivant l'exemple que je vous livre à présent, on comprendra qu'en parcourant sa propre évolution spirituelle sur l'autre plan, celui de la lumière, en prenant conscience des manquements survenus sur Terre, l'âme peut s'adresser à nous depuis là-haut dans la conscience. Un peu comme si elle était une élève à l'école de la Vie, la vie universelle, apprenant encore et toujours et nous faisant profiter des beaux fruits de sa connaissance. Car même après la mort, nous ne cessons d'évoluer.

Ce matin-là, Philippe était arrivé très en retard à notre rendez-vous... à tel point qu'il ne restait plus guère de temps pour sa séance. Seulement, alors qu'il se confondait en excuses, j'eus l'intuition qu'il me fallait le recevoir en fin de matinée, c'est-à-dire à treize heures. Venant de province, Philippe avait passé plusieurs heures dans les embouteillages. « Pourtant, Bruno, il faisait encore nuit quand je suis parti de chez moi ! » Les joies de la circulation parisienne... Je le reçus donc après mes autres rendez-vous. Il était si heureux que nous puissions nous voir. J'évoquai immédiatement sa maman et les images qui m'apparurent n'étaient pas très flatteuses : un visage rouge et bouffi, un goût persistant de tabac dans la bouche. Philippe valida ce portrait : sa mère, fumeuse invétérée, avait fini sa vie alcoolique. Aucune maladie particulière ne l'avait emportée, mais toutes les maladies à la fois : elle digérait très mal, se plaignait d'intenses maux de ventre, s'étouffait dans son sommeil et contractait toutes les affections qui passaient... Je me risquai à prononcer le mot tabou de

« suicide ». Ce n'était pas un suicide par mort violente, mais une sorte de suicide lent et inéluctable. Et en effet, Philippe avait ce sentiment que sa mère avait mis fin à ses jours d'une façon plus « subtile », si je puis dire. Il avait vu sa mère partir à plusieurs cures de désintoxication, dont elle revenait toujours plus faible. « À cinq reprises ? » lui demandai-je. « Non, quatre… Ah si, Bruno, vous avez raison. La cinquième, c'est moi-même qui l'y ai emmenée ! »

Sa maman était bien présente à notre entretien. Elle n'avait jamais été très heureuse avec son mari et sa vie n'avait été qu'une suite de devoirs sans plaisirs. Pourtant, elle aimait son fils et lui disait qu'il était ce qui lui était arrivé de mieux au monde. Comme elle était désolée ! « Pardon, lui disait-elle, de ce que je t'ai fait endurer. Pardon de n'avoir pas su dominer cet enfer alcoolique, d'avoir cédé et donné ma liberté, ma volonté et ma vie, à ce démon. » L'alcool avait tout détruit : ses relations, son travail, son argent, ses liens familiaux. Elle reconnaissait avoir fait du mal autour d'elle. Mais elle ajoutait que ce mal, elle l'avait en premier lieu infligé à elle-même. Et tout en relayant ces messages d'une ferveur inhabituelle, je sentais cette maman tellement heureuse, comme si son âme était dilatée, aimée pour l'éternité. Ce qui lui avait manqué du temps de son existence terrestre, elle le vivait désormais là-haut. Dans cet état de conscience élevé, elle comblait différemment désormais cette béance qui, sur Terre, avait exacerbé sa soif. Elle poursuivait son développement spirituel, elle allait de connaissance en connaissance. Et dans le même temps, elle dispensait à Philippe des conseils qui l'aideraient à avancer, en le libérant de cette image triste d'une mère abattue. C'est alors que je rappelai à Philippe son retard du matin. Il avait été littéralement empêché de me voir : embouteillages sans fin, impossibilité de se garer… comme si l'image, l'empreinte de sa maman malheureuse, l'avait poursuivi jusqu'ici. Mais Philippe et moi devions nous voir, et c'est à sa « nouvelle » maman *comme aux efforts de son fils* que nous devions cette belle rencontre.

Ce jour-là, j'ai reçu moi-même dans l'intimité de mon cœur la confirmation que nous sommes tous *également aimés*, quoi que nous ayons fait sur cette Terre. Nous sommes tous invités à progresser, à évoluer, sur ce plan comme sur l'autre. L'amour nous invite à nous abandonner, à déposer les armes et à aimer. Il suffit de lui dire « oui ».

Je remerciai alors Philippe de m'avoir donné, une fois encore, l'occasion d'éprouver sans l'ombre d'un doute le pardon infini que cet amour nous dispense chaque jour, incognito : « Là où le péché a abondé, la grâce a surabondé ! »

Les âmes me le répètent sans cesse : sans le pardon, reçu et donné librement, point de guérison possible. Pardonnez ! Il y a en chacun de nous cette étincelle de vie divine, qui nous relie à la Source de toutes choses. C'est ce fameux royaume des cieux cher aux chrétiens, que l'on retrouve, ainsi que le dit Laurence Freeman, dans la pierre philosophale des alchimistes, dans le centre de diamant de la sagesse chinoise, dans le serpent Kundalini du Tantra, dans le centre âme de Plotin, dans la source de force intérieure de Marc-Aurèle ou encore dans la Force de *La Guerre des Étoiles* ! Il s'agit de la Source en nous. La Source, c'est la conciliation de tous les contraires, de toutes les contradictions apparentes ou inhérentes à notre vie. Elle résout l'antinomie entre onde et particule, conscient et inconscient, souffrance et paix, vie et mort, ici-bas et au-delà. Ce « lieu » en nous, c'est celui de notre Source éternelle, notre point d'ancrage de toute éternité, et dans lequel vivent nos amis partis vers d'autres rivages. S'y reconnecter, c'est faire l'expérience de ce retournement intérieur, de ce pardon qui nous libère nous-mêmes. C'est ce qui advient quand surgissent dans notre quotidien les âmes de nos chers disparus. Et pour se connecter à soi-même, il est peut-être bon de réviser notre vision du monde, car la nature humaine est selon moi fondamentalement bonne.

L'HOMME EST FONDAMENTALEMENT BON

Je me souviens encore aujourd'hui d'un sujet de philosophie qui m'avait donné tant de fil à retordre : « L'homme naît bon, c'est la société qui le corrompt. » Cette belle intuition de Jean-Jacques Rousseau me paraît essentielle, et davantage encore au début de ce siècle nouveau. Je crois que le philosophe a été parfaitement inspiré : l'homme naît *bon* ! Cette phrase s'illustre vraiment dans les messages que je reçois au quotidien de la part des âmes : il n'y a que de l'amour, nous baignons dans cet amour. Simplement, nos yeux ne le voient pas toujours, ne parviennent pas à en prendre pleinement conscience. Naître bon signifie que spontanément l'on aide, l'on aime, l'on secourt. À ce propos, j'ai regardé un reportage passionnant, *Vers un monde altruiste*[1], qui relate des expériences réalisées avec des enfants en bas âge (entre 3 et 18 mois), en plusieurs points du globe et notamment à l'université de Harvard (USA). Le reportage montre que les enfants, de quelque origine qu'ils soient, sans distinction de milieu ou de physionomie, *aident naturellement les autres.* Ce qui veut dire que l'empathie est notre penchant naturel premier.

Le chercheur et son « sujet » se retrouvent dans une même pièce. Alors que le premier fait tomber accidentellement un objet du bureau, l'enfant va spontanément le ramasser et le rendre à son propriétaire. De même, lorsque l'adulte, tentant d'ouvrir un placard, les bras chargés de documents, en lâche certains malencontreusement, l'enfant à quatre pattes ira ouvrir de ses petits doigts une des portes du placard pour venir en aide à l'adulte. Enfin, alors que l'enfant s'amuse dans son coin et ne prête pas grande attention au reste de la salle, le reportage pose la question : « L'enfant va-t-il se lever et aider ? » Et la réponse est oui : il aide, il accomplit un

1. Réalisé par Sylvie Gilman et Thierry de Lestrade, pour Arte, en 2015.

acte d'amour dont il ne retire aucun bénéfice alors même que son attention était occupée ailleurs. Ces études sont remarquables ! Je crois que si nous voyons quelqu'un risquer de se faire écraser, nous avons le réflexe d'essayer de le sauver, car il est naturel pour nous d'avoir des sentiments d'amour.

Pour moi, l'être humain a une tendance première et naturelle à aimer et cet amour, puisqu'il se révèle dans l'enfance, vient directement de son âme. Mais il se trouve que pour ériger nos sociétés et les maintenir debout, nous avons institué un système de rivalité et de compétition qui va à l'encontre de cet amour, étouffe cette solidarité et nous pousse à nous haïr et à nous affronter. Ce n'est pas une vérité naturelle que l'homme est un loup pour l'homme. Toute cette méprise vient des mécanismes de concurrence et de domination instaurés et entretenus par la société. En fait, ce système nous aveugle tant que nous avons fini par croire que l'existence n'est qu'une somme de souffrances, dans lesquelles se glissent ici et là de brefs instants de bonheur qu'il nous faut défendre hargneusement. Non ! C'est tout l'inverse ! Le biologiste Joachim Bauer dit que « les principes fondamentaux du génome sont la coopération, la communication et la créativité », ce qui contredit radicalement la vision de Darwin. Il faut imaginer l'homme vivant en société comme un oiseau dont le blanc des plumes serait recouvert de poussière ; cet oiseau blanc serait notre être originel et la poussière, la pollution, intérieure et extérieure, dans laquelle la société nous ensevelit si nous ne faisons rien pour nous en nettoyer. L'empreinte ! Mais il ne faut pas s'arrêter à ce que nous voyons ! Nos plumes sont toujours blanches : notre amour ne disparaît jamais. Et toute personne qui aime, a aimé ou a été aimée un jour, sait en son for intérieur que notre modèle de société n'est pas fatal ni unique, que nous pouvons tous le changer avec de l'amour.

Rien n'est bon ou mauvais en soi

« Un peuple qui oublie son passé se condamne à le revivre. » Cette célèbre citation de Churchill s'applique aussi bien au niveau individuel que collectif. Ce que je constate dans mon métier et dans ma vie personnelle, c'est que le passé refait toujours surface quand une mémoire non transcendée demeure en nous. Un jour, quelqu'un enfouit dans son cœur un souvenir douloureux et, plus tard, voilà que ce souvenir réapparaît, sous une autre forme, un arbre, une fleur, une ronce… D'où la nécessité pour chacun d'effectuer un travail de compréhension et de purification de sa mémoire. C'est la même chose sur le plan collectif. Chaque fois que les peuples veulent effacer leur passé, le renier, l'oublier, il ressurgit, parfois même d'une manière plus violente encore. C'est le cas par exemple des Années folles. On ne peut voir dans cette folie collective qui s'est emparée des peuples qu'un besoin impérieux d'oublier la Première Guerre mondiale, d'*éradiquer* de la mémoire les usages et traditions politiques du XIXe siècle, quitte à se précipiter, tête baissée, dans un inconnu dévastateur. Et c'est bien à la crise économique, le fascisme et la guerre qu'a mené cette fuite en avant ! La charge du passé était trop lourde et, plutôt que d'opérer le nécessaire retour sur soi, les peuples ont préféré courir vers le nouveau, sans réaliser qu'ils étaient encore guidés par leur passé refoulé.

L'invention de l'imprimerie au milieu du XVe siècle fut une véritable révolution culturelle. L'alphabétisation, en particulier, se développa grâce à elle, car les livres produits à la machine coûtaient moins cher que les manuscrits copiés à la main. C'était un progrès tant sur le plan culturel que sociétal. Car avec l'imprimerie commença la démocratisation de la lecture et, plus tard, des études. Cela offrit aux hommes la possibilité inédite d'ouvrir leur esprit aux sciences, aux religions et aux idées. L'imprimerie fut donc un grand moyen d'émancipation. Mais, paradoxalement, comme pour Internet, c'est moins son invention que son usage qui fut déterminant. L'impression des livres des Lumières, de Voltaire à Rousseau, au XVIIIe siècle, a fortement participé à libérer les hommes de leur servitude. Mais l'imprimerie a aussi permis la diffusion d'idéologies pernicieuses. C'est étrangement pareil pour Internet ! Cette révolution a contribué à mettre en réseau la planète, à rendre accessible à tous les cultures et les savoirs, mais elle est aussi un moyen de divertir les masses et les endoctriner. On voit bien ici qu'il n'y a pas de sens prédéterminé, certain, au destin collectif.

Toute l'importance a été, est et sera le choix individuel de s'inscrire dans le destin collectif. Vais-je utiliser cette découverte pour mon profit personnel ou pour celui de tous ; pour haïr ou pour aimer ? Vais-je me soumettre à des personnes qui ne partagent pas mes idéaux ? Vais-je renoncer ou résister ? Jusqu'aujourd'hui, les grandes idéologies, les religions ont cherché à uniformiser les peuples, à imposer de l'extérieur un système collectif qui s'appliquerait *mordicus* à chacun et organiserait la société dans son ensemble. Mais il me semble que tout cela – avec le changement de paradigme qui se dessine et dont j'ai parlé plus haut – est sur le point de s'inverser. Désormais, l'être humain paraît comprendre qu'il ne doit plus partir du collectif pour s'imposer à l'individu ; au contraire, il doit se comprendre, se construire et s'accomplir en tant qu'individu *unique* pour ensuite remonter à la collectivité et se donner aux autres, être *uni* aux autres. Et c'est ce que je ne cesserai jamais de recommander aux gens : retrouvez votre état premier, l'altruisme et l'amour qui est en vous, partez toujours de l'individu pour n'étendre qu'ensuite votre bonté au collectif. Le destin que nous avons en commun repose, je le crois, sur l'ensemble des destins uniques qui se regroupent et décident de porter des projets *ensemble*. Mais l'essentiel pour l'homme reste la connaissance de soi, comme Socrate l'a répété sans relâche, la clé de voûte de toute action collective. Et pour se connaître soi-même, je crois que notre devoir premier est de prendre du recul par rapport à nos jugements. Car nous jugeons tout et tous, c'est dans notre nature.

Roberto Lanza, médecin, scientifique américain de renom, propose un concept appelé le « biocentrisme ». Certains principes au cœur du bio-centrisme peuvent nous intéresser ici au plus haut point : ce que nous observons dépend de l'observateur (de nous), et ce que nous pensons être la réalité est en fait un processus de construction qui implique un travail de notre conscience. Ajoutez à cela que nos perceptions externes (les sens) et internes (les émotions) sont étroitement imbriquées et même *interdépendantes*. Il en découle que notre approche de nous-mêmes et de ce qui nous entoure est purement *subjective*. Par exemple, on pense qu'il y a dans la nature le chaud et le froid. Or, notre approche est subjective : il n'existe en réalité *que* la chaleur. Le froid n'existe pas en tant que tel : il n'est que l'absence de chaleur. Il s'agit uniquement de notre perception du phénomène. Donc le froid n'existe pas, alors que nous le ressentons lorsque nous grelottons en hiver ou que, sortant d'une mer bien chaude, le vent frais sur la plage nous saisit. Et il en va de même pour les catégories morales : dans l'absolu, il n'y a pas de bien ni de mal.

Oui, aussi choquant que cela puisse paraître, rien n'est bon ou mauvais en soi, tout dépend de notre perception des choses et, partant, de l'usage qu'on en fait. Les livres, que nous considérons unanimement comme un moyen bénéfique de s'élever par l'éducation, peuvent cependant devenir un moyen d'asservir les masses (comme le firent le *Petit Livre rouge* de Mao ou le *Mein Kampf* de Hitler). Ces endoctrinements de grande envergure n'auraient jamais pu s'accomplir avec une telle fulgurance si l'imprimerie n'avait pas existé.

De la même manière, la fission nucléaire n'est en soi ni bonne ni mauvaise. Elle permet aussi bien d'alimenter en énergie notre électroménager et d'améliorer ainsi notre qualité de vie, que de produire des armes de destruction massive comme celles qui ont été lâchées sur Hiroshima et Nagasaki. Le bien et le mal coexistent en chaque chose, chaque acte et chaque être humain. Leur racine est une même énergie, neutre, qui ne prend sa valeur, bonne ou mauvaise, que par l'utilisation que nous en faisons. Mais au départ, tout se contente d'être là.

Les âmes, quant à elles, se trouvent dans la pleine lumière. Elles ne ressentent plus cette dualité bien/mal : il n'y a plus qu'amour et pardon. C'est pourquoi elles nous enjoignent de sortir de notre jugement binaire tellement aliénant. C'est de cette façon qu'elles nous soignent. Elles nous proposent cette troisième voie, qui exclut ce choix millénaire entre le bien et le mal. Elles nous engagent, pour mieux vivre, à ne plus porter de jugement. Et pour quitter le jugement, il semble capital que l'être humain se rallie au féminin en lui, cette dimension spirituelle et créative à la source de toute chose.

Retrouver le féminin créatif en nous

Budapest, juin 1943. Alors que le continent européen, occupé par les armées du Reich, est à feu et à sang et que la communauté juive d'Europe est persécutée puis décimée, la Hongrie demeure à l'abri des exactions hitlériennes. Motivé par une politique irrédentiste, ce nouveau pays, né de l'éclatement de l'Empire austro-hongrois, à la fin de la Première Guerre mondiale vingt-cinq ans plus tôt, s'est allié à l'Allemagne d'Hitler, préservant ainsi son indépendance. Seul au pouvoir, le tristement célèbre Parti des Croix fléchées, parti fasciste hongrois, sévit partout pour maintenir l'ordre et étouffer l'opposition. Ce n'est qu'en mars 1944 que l'armée allemande, dans un dernier sursaut frénétique et désespéré, envahit le pays et fait exterminer sous les ordres de ses lieutenants près de 550 000 personnes, 70 % de la population juive du pays. En un an, voilà plus de soixante-dix ans, un demi-million de personnes furent décimées sur ce territoire. Guerre, occupation, déportation, de mars 1944 jusqu'en 1945, Budapest n'est plus qu'une des nombreuses villes soumises à l'axe de Berlin. Non loin de là, dans une petite ville proche de la capitale, Budaliget, juste avant l'attaque de l'Allemagne, quatre amis se sont réfugiés dans une petite maison louée et tentent de préserver leur vie. Seule Gitta n'est pas juive. Un soir, alors que nos quatre compagnons chuchotent à la lueur des bougies, Hanna a sa première révélation. « Attention, ce n'est plus moi qui parle », dit-elle. Mais qui donc ? Un ange parle à travers elle. C'est le début de quatre-vingt-huit conversations hebdomadaires, les *Dialogues avec l'Ange*, une somme unique de questions et de réponses sur la vie, la mort, notre rapport au monde, notre éveil indispensable à la dimension spirituelle et à la Source qui nous habite. « Le nouveau est toujours au-dedans et jamais au-dehors. Tout est en toi, et non en dehors de toi », dit l'Ange par le truchement de Hanna. « Notre chemin est devenu un : ou nous périssons avec vous, ou nous

nous purifions avec vous. » L'existence, la destinée de ces anges est intrinsèquement liée à la nôtre. Leur sens, c'est notre sens, nous sommes liés. « La vie est une, indivisible, éternelle. »

Lorsque les nazis envahissent la Hongrie et commencent à déporter la population juive, nos quatre amis s'enfuient à Budapest. Joseph est emmené. Elles ne sont plus que trois. Le jour, elles travaillent dans un petit atelier au fond d'un ghetto et le soir, elles se réunissent comme avant dans une cabane silencieuse. Les entretiens continuent. Hanna parle, Gitta Mallasz prend des notes. Si vous lisez ces entretiens, vous verrez que deux verbes ne cessent de revenir, comme un leitmotiv, à chaque page, dans chaque entretien : Demander et Donner. Il y a là le message fondamental que me transmettent les thérapeutes du ciel. Il y a là, en filigrane, le sens profond de la vie. « Tu es mon pareil en tout [...], mais tu l'ignores encore. Chacune de tes cellules doit s'éveiller », dit Hanna. Il n'y a aucune différence entre toi et moi, entre eux et nous. Hanna nomme son ange « *sa potentialité évolutive* » : ce sont les mêmes paroles que répètent les âmes, là-haut, ou que tient le père de l'héroïne de *Contact :* nos amis ne sont-ils pas dans un présent *progressé* du nôtre ? Ne sont-ils pas « nous » mais avancés, dans la lumière ? La guerre arrive peu à peu à son terme. Le régime nazi se raidit ; les morts s'accumulent. Hanna et Lili sont emmenées, un matin : on ne les reverra jamais. Seule survivante, Gitta Mallasz est encore en possession des carnets où sont retranscrits les quatre-vingt-huit dialogues. Dans le souvenir inoubliable de ses trois amis, elle a passé sa vie à éditer et traduire ces carnets. L'ange d'Hanna, tout comme les thérapeutes, nous invite à retrouver notre élan créatif. « Le feu ne vous fait mal que là où vous devez changer. » Changeons-nous, car tout est en notre pouvoir. Les âmes nous suivent, elles sont avec nous, leur destin est noué au nôtre. Ne sont-elles pas nos fameux « anges gardiens » ? Ne sont-elles pas cette énergie créatrice, ce que j'appelle le « féminin » en nous ?

Les films de Luc Besson évoquent souvent, derrière des façades de films à gros budgets, des sujets très profonds. Ainsi, *Le Cinquième Élément* prophétise l'avènement du « féminin de l'homme » qui sauvera notre humanité de la destruction. Notre féminin, c'est notre côté non encore révélé, notre Yin, la part intuitive, créative, de notre être, cette essence qui nous constitue. Elle devrait être le point de départ et l'aboutissement de toutes nos actions. Hélas, nous sommes bien (ou bien mal !) éduqués. Nous prenons toutes nos décisions en fonction d'éléments apparemment objectifs, en pesant le pour et le contre, en demandant des conseils à l'extérieur, influencés malgré nous par la publicité, les convenances, les mouvements de masse. Or, nous devrions sans cesse solliciter notre intuition, notre créativité : comment me sens-je face à telle opportunité, vis-à-vis de tel choix ? Quelle est la part d'angoisses, de projections, de désirs dans mon action ? De telles réflexions ne sont certes pas évidentes, mais restent indispensables. Si nous voulons nous individualiser, exprimer de façon unique ce que nous sommes, nous devons retrouver la part du féminin en nous. D'ailleurs, parmi toutes les personnes que je suis amené à rencontrer, il y a beaucoup de femmes... Les hommes qui viennent à mon cabinet ne sont pas rares, mais sur l'ensemble, le nombre de femmes est indéniablement supérieur. Pourquoi ? Lorsque je m'interroge, que je regarde autour de moi, je constate que beaucoup d'hommes ont du mal à évoquer spontanément leur côté spirituel. On dit que les garçons sont plus pudiques. Ce n'est pas faux ! Mais comment peut-on ne pas être spirituel ? Comment survivre sans cœur, sans cet organe essentiel qu'est notre conscience ?

C'est amusant car il y a quelques jours, alors que je travaillais sur ce chapitre, j'ai reçu en consultation Sylvain, jeune homme d'une trentaine d'années, au sujet duquel j'allais découvrir une histoire peu commune. Grand sportif depuis son enfance, dans plusieurs disciplines, Sylvain a remporté de nombreuses compétitions. Vivant dans une petite ville de l'ouest de la France, il se rendait quotidiennement dans le centre sportif de sa commune pour ses entraînements. Il se préparait pour un tournoi interrégional qui, il l'espérait, lui permettrait de concourir l'année suivante à un niveau national. Ce jour-là, Sylvain prit le bus non loin de chez lui, mais décida spontanément de descendre deux stations avant son arrêt habituel, pour aller saluer un ami et récupérer quelque équipement qu'il lui avait prêté. De retour dans la rue, Sylvain traversa un carrefour, puis un autre. Mais au moment où il franchissait la grande route conduisant au centre sportif, un camion déboucha de nulle part à vive allure et le faucha, le projetant à plusieurs mètres de distance. À cet instant précis de sa vie, Sylvain n'est plus qu'un corps inconscient au milieu de la route. Mais, miracle !, les secours arrivent en un temps record. Sylvain est pris en charge par les pompiers qui l'emmènent à l'hôpital le plus proche. Fracture du crâne, hémorragie cérébrale, trois vertèbres fracturées. Il a failli mourir. Il devra rester de longues semaines en soins intensifs et passer par des mois de rééducation. « Vous ne pourrez plus jamais faire de sport, lui annonce son médecin. L'une de vos vertèbres ne s'est pas remboîtée correctement, et l'on ne peut y toucher davantage sans risquer d'endommager la moelle épinière. » Cette nouvelle tombe comme une punition ! Sylvain ne peut se résoudre à l'idée de ne plus vivre sa passion. Son monde s'effondre.

Les mois, les années passent. Et vient le jour de notre rencontre. Durant la séance, et alors que son grand-père paternel décédé me transmet l'essentiel de ce drame « en images », Sylvain fond en larmes. Ces événements datent d'il y a cinq ans, mais leur évocation est encore vivace. Et, alors que je lui donne de beaux messages qui l'apaisent, Sylvain m'avoue une chose très étonnante. Il me confie que, plusieurs mois après son accident, il a comme opéré un retournement intérieur. Il a compris que son ambition démesurée ne sonnait pas juste : comment avait-il pu vouloir être le premier partout ? Pourquoi le sport occupait-il sa vie entière, au détriment de ses proches ? Il n'avait vu que la compétition, n'avait vécu que pour elle et, tel un arc tendu, n'avait visé que ce but. Pour un sportif de ce niveau, un moral d'acier et l'ambition sont des qualités essentielles… Mais

Sylvain était très orgueilleux, il privilégiait le « combat » plutôt qu'une saine compétition ; il faisait souffrir son entourage. Cette dimension très masculine l'avait presque envahi car, m'avoua-t-il, il avait un sérieux problème avec sa sensibilité. Ce terrible accident l'avait ramené sur Terre. Durant la séance et jusqu'à son terme, son grand-père, une des seules personnes à l'avoir compris, lui adressait tout son amour… Quelle séance émouvante ! Avoir perdu son grand-père à l'âge de dix-huit ans avait été très difficile pour Sylvain, mais cela ne l'avait pas empêché de continuer à se réfugier dans le sport, comme à son habitude. Le papy était très fier du travail intérieur que son petit-fils avait accompli, se servant de son accident pour opérer une véritable « remise au monde ». Et ce grand-père n'était nullement étranger à cet accouchement personnel. Cette révolution intérieure lui permettra, j'en suis sûr, de renouer avec son *féminin*. Il a d'ailleurs déjà quelques pistes prometteuses pour encadrer de jeunes adolescents dans leurs activités sportives. Fort de son nouvel équilibre, il saura avec amour transmettre sa passion pour le sport.

Le film *Lucy*, réalisé par Luc Besson, encore, et sorti en 2014, met en scène une héroïne incarnée par Scarlett Johansson. Cette jeune femme, contrainte par la mafia taïwanaise à transporter dans son corps une poudre bleue expérimentale, voit accidentellement ses capacités cérébrales se développer à l'infini : elle acquiert alors des pouvoirs illimités. Lucy, au terme d'une transformation rapide, finit par muter et disparaître, du moins en apparence. Elle devient Conscience, information totale. Cette métaphore, qui reste certes un produit à gros budget, présente un mérite considérable : elle nous montre que notre part féminine, créative, intuitive, nous donne accès à un monde illimité, celui de la Conscience pure. Que nous ayons accès à dix pour cent de nos capacités cérébrales ou non (le sujet fait polémique), il est évident que nous fonctionnons avant tout au moyen de notre côté masculin (celui de l'action) : nous agissons, programmons, analysons, combattons… Et notre partie féminine, nous l'oublions dans un coin de notre âme et lui préférons de loin ce qui nous met facilement en valeur dans la société.

L'exemple du film *Lucy*, un peu grossier, ne doit pas nous faire oublier une vérité fondamentale : *nous sommes des mutants*. J'ai beaucoup parlé de mutation dans cet ouvrage. Nous mutons. L'évolution humaine se fait par la mutation. Pour que cette mutation ait lieu, il nous faut ouvrir des portes, sans quoi nous restons prisonniers d'un état, et c'est le pourrissement. Les recherches les plus récentes sur la mémoire ont mis en avant un phénomène propre au cerveau : la *plasticité*. Les synapses se renouvellent continuellement mais ne gardent jamais la même forme : elles se modifient à chaque nouvel événement de notre vie. Ce qui veut dire que le retour en arrière est impossible. Notre mémoire garde la marque indélébile du passé. Mais cela montre également que nous pouvons donner une structure nouvelle à notre esprit, que nous pouvons travailler sur nous-mêmes de la naissance à la mort pour réorganiser l'architecture de notre cerveau et de l'ensemble des cellules de notre corps. Mais pour ce faire, je le redis, il nous faut des portes ! Et c'est une porte que j'offre dans mon travail avec les âmes. Ce qui m'est proposé tous les jours de faire avec les personnes qui me consultent, c'est d'insuffler dans le monde l'énergie, la joie et la conscience que les âmes me transmettent. Le féminin ! Par mon truchement, les âmes peuvent influencer l'architecture de nos vies et les rendre bénéfiques, tant il y a de joie infinie à notre disposition ! Il n'y a pas de séparation entre ce monde et les autres. Il n'y a que des passerelles. Et les âmes nous montrent le chemin. Nos choix de vie déterminent notre réalité et tous, sans exception, nous avons depuis toujours cette capacité d'évoluer, par mutations successives, dans cette vie comme dans l'autre. Quels choix allons-nous faire ? C'est précisément lorsque nous nous posons la question que se révèle à nous le sens de notre vie. On comprend maintenant que l'esprit est lié au corps et que les deux sont en interconnexion permanente.

J'ai rencontré un jour une cliente qui avait subi une lésion cérébrale. Elle comprit soudain, au terme de la séance, qu'elle avait été littéralement *lésée* dans sa relation à sa mère qui avait avantagé ses frères et sœurs au cours d'un partage familial. Son corps était devenu le théâtre vivant de sa blessure, comme le spectacle, l'illustration de ce drame, imprimant, de la même manière que nos imprimantes 3D, si je puis dire, la trace de cette fracture. Dans ce cas comme dans tant d'autres, l'âme de sa maman, devenue conscience pure, avait découvert la situation dans son ensemble, et était revenue libérer *l'esprit de leur relation*. Souvent, je réalise que les termes désignant l'affection physique et l'affection mentale ont la même *racine* linguistique, ce qui n'est pas anodin. Dans la situation de ma cliente, *lésée* affectivement, elle avait développé une *lésion* dans son corps, comme pour exprimer sa peine, dans la similarité des termes. Les exemples sont nombreux qui nous démontrent que le corps exprime métaphoriquement les douleurs de l'esprit. Je crois que le sens profond de notre présence sur Terre est là : dans le retour à cette énergie créatrice qui nous unifie, qui fait que chacun de nous est à la fois unique et lié aux autres. Avec cette énergie, tout devient possible.

Conclusion :
Tous unis mais tous uniques !

Nous voici à la fin de cet ouvrage. Que reste-t-il à dire ? Désormais, c'est à vous de prendre la parole. De fait, nous ne pouvons rien accomplir seuls. Aimer, c'est être avec les autres, c'est accepter leur parole et leur offrir la nôtre. Car la seule loi qui, sur le plan spirituel, échappe à la *gravité terrestre*, la seule loi qui la transcende, c'est la loi de l'amour qui passe par le pardon. Avec le pardon, nous quittons le karma, et en quittant le domaine du karma et de l'enchaînement aliénant de nos propres choix, nous accédons à plus grand que nous, nous mutons et touchons à une *nature progressée de nous-mêmes*, nous changeons d'état. Et pour progresser dans notre aventure spirituelle, celle de notre vie, nous avons besoin d'accéder au féminin qui est en nous, de nous défaire des jugements de valeur et d'accepter humblement que nous ne pouvons pas tout. La reconnaissance de notre faillibilité, de cette *faille* en nous, doit nous conforter dans l'idée que nous sommes tous unis dans une communauté de destins universels. Mais « unis » ne signifie pas « uniformes ». Nous ne nous fondons pas dans la masse. Au contraire. Nous ne perdons pas notre identité ici-bas et ne la perdrons pas non plus dans l'autre monde. C'est cette identité qui nous permettra de nous retrouver et de nous reconnaître après cette vie : *nous sommes tous unis, mais tous uniques !* Tout comme nous sommes aimés de façon unique dans nos familles, par nos amis, mari, femme, animaux de compagnie même, nous continuons à ressentir et à partager cet amour après la mort, dans la plus parfaite union avec les autres.

Je me souviens avoir reçu un jour quatre sœurs. Elles venaient me consulter pour entrer en connexion avec leur mère décédée. Entre elles, c'est certain, il y avait des similitudes. Elles avaient vécu ensemble des événements familiaux, partagé des émotions, des pensées, des lectures, des débats, une partie de leur destin… Et justement, leur mère aimante avait un message commun pour l'ensemble de la fratrie : elle allait bien, elle était arrivée à bon port, accueillie de l'autre côté par son papa chéri, qui lui avait tant manqué de son vivant… La mémoire était forte dans cette maison. Que de larmes de joie après ce premier message ! Mais la mère avait également un message personnel pour chacune de ses filles. Après avoir entendu le beau message commun qui les rassurait sur l'état de leur mère, les sœurs, étant entrées une par une, entendirent aussi la parole unique, adressée à chacune personnellement, et que nulle autre n'aurait pu comprendre. Je suis toujours étonné des trésors d'ingéniosité que déploient les âmes pour me donner un ton et un vocabulaire uniques. Pas un message passe-partout, mais spécifique et reconnaissable par la gestuelle, les petits mots qui n'appartiennent qu'à nous jusqu'aux gros mots ! Il me faut parfois poser de grands guillemets pour m'exprimer et l'on rit pendant les séances… J'ai eu un plaisir infini à transmettre un par un ces messages aux quatre sœurs. Cette séance m'a beaucoup fait réfléchir. Je me suis dit que ces sœurs étaient liées dans le plus profond de leur cœur à une destinée familiale, qu'elles étaient toutes *unies.* Mais cette unité ne contredisait en rien leur individualité, loin de là. Elles avaient beau porter des traits similaires, elles portaient aussi tant de différences et d'originalité ! Chacune était *unique.* Et je pense que cette unité commune, mêlée à l'unicité des personnes, vaut pour le monde dans son ensemble. Le nouveau paradigme, dans lequel nous avançons à grands pas, je le sais, saura créer l'harmonie nécessaire en nous pour prendre le plus grand soin de notre avenir commun, de la planète et des animaux, en somme de ce qui fait que nous sommes liés, tout en respectant chaque être humain dans son individualité.

Ce n'est pas une union de fait, mais une *complémentarité* parfaite, comme un puzzle immense et magnifique, où s'emboîtent parfaitement toutes nos altérités. Nous sommes tous reliés les uns aux autres de toute éternité, en une chaîne d'amour, qui échappe à toute notion de temps et d'espace, et nous nous donnons rendez-vous ici-bas pour nous aimer. C'est le sens de la vie. Ce monde est, parmi tous les autres, une escale dans notre voyage d'amour. Dans cette aspiration, nous rencontrons des difficultés, des blocages et parfois de grands drames, et il arrive que nous soyons les instruments involontaires de la souffrance des uns ou des autres. Mais nous avons aussi et surtout tant d'occasions de nous aimer, l'opportunité inouïe de faire preuve d'empathie, de solidarité, et d'en recueillir les fruits abondants. Danse éternelle de l'univers et des étoiles dont nous sommes des poussières… Poussières divines, issues et retournant à la Source qui nous anime, comme on ne peut se passer d'embrasser les gens qu'on aime, comme on revient dans les bras de son bien-aimé. Car nous nous retrouverons tous un jour, puisque nous ne nous sommes jamais quittés. Nous sommes conçus de toute éternité par l'Amour.

Au terme de cet ouvrage que j'ai voulu le plus simple et profond possible, j'ai bien conscience qu'il reste dans l'esprit de chacun des questions en suspens – c'était inévitable... On aimerait tant en savoir plus ! Souvent, on me dit : « Oh Bruno, comme vous avez de la chance de les voir ! » J'ignore si c'est de la chance ! Cela m'est si naturel maintenant. Je suis né avec ce don, j'ai grandi avec lui, et il m'a fallu une longue maturation avant de me lancer à l'utiliser. J'ai réussi, je l'espère, à en faire un outil pour aider et soulager autrui au quotidien. Je sais qu'il s'agit d'un talent particulier, peu commun. Pourtant, je le répète, le spectaculaire, aussi nécessaire soit-il, n'est pas une fin en soi. Bien sûr, cette aptitude peut fasciner, faire envie ou parfois, au contraire, susciter un certain scepticisme. Je n'ai rien contre le scepticisme, s'il est de bonne foi et bienveillant. Dans mon domaine, qui ressort exclusivement de l'humain et non de la science exacte, les réponses ne sont ni absolues ni systématiques. Chaque rencontre est une aventure nouvelle et c'est pourquoi j'aime tant ce que je fais.

Aussi, on pourrait se demander (et certains le font très bien pour moi !) si je ne serais pas tout bonnement télépathe. N'aurais-je pas le talent de deviner les pensées d'autrui ? C'est ce que j'aurais pu croire adolescent, alors que je m'essayais à mes nouvelles prédispositions avec mes camarades de classe. Finalement, que sait-on de notre cerveau, de nos capacités ? Que sait-on de l'autre monde ? Existe-t-il vraiment un au-delà, une autre vie après celle-ci ? En ce qui me concerne, je n'ai aucun doute à ce sujet. Mais je peux comprendre que certains en aient et remettent en question les innombrables témoignages sur *la vie après la vie :* chacun est libre de se faire sa propre opinion. Ce qui compte, c'est l'effet salutaire, le soulagement que ces messages sereins de proches décédés peuvent apporter aux gens. Et même si ce n'était que pour cela, je continuerais à délivrer ces mots d'amour, ces lettres de l'autre rive, inépuisablement. Car c'est la première tâche que m'ont confiée les thérapeutes du ciel : soulager. Cette tâche me remplit chaque jour de bonheur, elle me donne la joie d'exister et de vivre parmi les miens, ici-bas, comme là-haut, tout là-haut, à l'intérieur de moi.

Seulement, malgré tous mes efforts, malgré toute ma meilleure volonté, et malgré l'aide toujours bienveillante des âmes, il arrive que les solutions attendues n'arrivent pas. Partout des gens luttent et mettent tout en œuvre pour guérir. Il y a tant à faire ! Il y a tant à guérir ! Mais je ne me décourage jamais. Je sais que le travail entrepris paie toujours, toujours, même si en apparence rien n'avance comme prévu.

Une de mes clientes, devenue une excellente amie, est atteinte depuis plusieurs années d'une maladie orpheline. Cette femme a sacrifié beaucoup de temps et d'argent pour trouver un remède à son mal. Rien n'y fait, ni personne : spécialistes de premier plan, de France comme des États-Unis, thérapeutes énergétiques, magnétiseurs, acupuncteurs, et jusqu'à votre serviteur ici même. Rien n'y fait, ni personne, *visiblement.* Cette affection la consume, ronge son enthousiasme et éloigne ses amis un à un, comme si être malade n'était pas déjà assez ! Lorsque nous échangeons des courriers, il m'arrive de lui relayer de beaux messages d'encouragement de la part de membres de sa famille qui l'ont précédée sur l'autre plan. Et elle continue de se battre. Récemment, elle m'a fait suivre un mail dans lequel elle m'annonçait sa décision de s'engager dans la bataille contre l'oubli, contre l'indifférence relative de la communauté scientifique et l'absence de relais médiatique à l'égard de cette affection « silencieuse », encore trop méconnue. Son combat est tout simplement admirable et elle œuvre pour le faire connaître du grand public.

Ce que je vois, c'est que tandis qu'elle cherchait sans relâche un remède à son mal, elle a fini par s'en faire le *porte-parole*. Aujourd'hui, elle le hisse à un niveau qui la dépasse et qui je l'espère pourra la soulager elle et soulager d'autres personnes. Elle est devenue elle-même, d'une certaine manière, une *thérapeute*. Face à son action, je ne peux que rester humble, respectueux, plein d'espoir ; je ne peux que dire : nous ne savons pas tout. Les âmes sont là, mais elles ne détiennent pas forcément *toute* la vérité à l'endroit où elles se trouvent. Elles interviennent à un moment particulier, mais elles-mêmes sont guidées par plus haut, plus grand qu'elles. Les choses ne nous appartiennent pas, nous ne pouvons pas tout maîtriser, aussi éprouvante que soit cette affirmation. Nous vivons dans l'épaisseur de la matière… D'où la nécessité d'un certain lâcher-prise. Et j'aime l'idée que comme je ne maîtrise pas les choses, la providence, avec son petit nom désuet, intervient au moment où l'on s'y attend le moins. Elle n'a rien à voir avec le hasard. Elle est toujours une bénédiction. Les âmes ne nous révèlent pas tout de « l'autre plan », mais ce que nous avons besoin de savoir pour le moment, et c'est assez pour avancer. Nous ne savons pas tout. Mais notre éveil, lui, a commencé.

Aujourd'hui même, j'ai reçu un message. J'ai su par mes alliées invisibles qu'un événement salutaire attendait mon amie. Guidé par cette émotion pleine d'espoir, j'ai écrit ces dernières lignes. Et ce n'est que lorsque je m'apprêtais à mettre le point final à cet ouvrage, que j'ai reçu cette magnifique confirmation de sa part : un tout nouveau traitement lui donne les meilleurs espoirs pour la suite, elle est sur le chemin de la guérison et va pouvoir enfin reprendre le cours de sa vie ! N'est-ce pas, là encore, un petit coup de pouce des âmes ?

Table des matières

pca
cmb
édition pré-presse
livres numériques

44400 Rezé

Imprimé en Espagne

Dépôt légal : Mars 2019
N° d'impression : 01
ISBN : 978-2-7499-3642-0
LAF 2537